打造超级IP

CREATE SUPER IP

创意引爆流量新势能

苏静 何雯玲 ◎著

中华工商联合出版社

图书在版编目（CIP）数据

打造超级IP：创意引爆流量新势能 / 苏静，何雯玲著. -- 北京：中华工商联合出版社，2024. 9. -- ISBN 978-7-5158-4033-8

Ⅰ．F713.365.2

中国国家版本馆CIP数据核字第2024WV1223号

打造超级IP：创意引爆流量新势能

作　　者：	苏　静　何雯玲
出 品 人：	刘　刚
图书策划：	蓝色畅想
责任编辑：	吴建新　关山美
装帧设计：	胡椒书衣
责任审读：	付德华
责任印制：	陈德松
出版发行：	中华工商联合出版社有限责任公司
印　　刷：	三河市九洲财鑫印刷有限公司
版　　次：	2024年10月第1版
印　　次：	2024年10月第1次印刷
开　　本：	710mm×1000mm　1/16
字　　数：	180千字
印　　张：	13.5
书　　号：	ISBN 978-7-5158-4033-8
定　　价：	58.00元

服务热线：010-58301130-0（前台）

销售热线：010-58302977（网店部）
　　　　　010-58302166（门店部）
　　　　　010-58302837（馆配部、新媒体部）
　　　　　010-58302813（团购部）

地址邮编：北京市西城区西环广场A座
　　　　　19-20层，100044

http://www.chgscbs.cn

投稿热线：010-58302907（总编室）

投稿邮箱：1621239583@qq.com

工商联版图书

版权所有　盗版必究

凡本社图书出现印装质量问题，请与印务部联系。

联系电话：010-58302915

前　言

关于IP，我经常遇到一些有趣的事，有不少人以为IP就是一个视觉或卡通形象，也经常有企业方拿着广告公司设计的卡通形象来找我，让我判断一下是否有成为超级IP的机会。其实客户的诉求很简单，无非是"我想要个IP，因为IP可以替代广告推广品牌，与用户互动"，但是当我问及品牌的目标人群、价值观、定位、故事时，却什么都没有。大部分企业方都了解到互联网时代品牌营销的变化，知道有IP的加持容易吸引关注，但在认知上，仍旧停留在品牌IP=IP吉祥物的阶段。

本质上其实是三大问题：
- 是不是所有的IP都有机会实现商业转化（价值）？
- IP如何才能真正助力品牌（目的）？
- 如何去选择一个与品牌相匹配的IP（难点）？

针对第一个问题，本书给出了清晰的解答，帮助读者了解并理解IP打造这个新的领域。

第二个问题也是很多企业在实践过程中不能坚持IP这个赛道的关键。

客观地说，国内 IP 打造不是个新鲜事，只不过很多企业在实践的过程中把品牌与 IP 的关系理解错了，IP 的内涵是大于品牌内涵的，二者的关系不能倒置，也不能错位。IP 不是品牌 logo，也不是万能药，而是锦上添花的高效工具。

第三个问题本书直接给予了解决方案。读者可以通过本书获得思想层面的学习和收获，用一个极低的成本获取一套非常有价值的打造 IP 的解决方案。

互联网时代各种创新的理论与概念交织在一起，高效的营销工具层出不穷，IP 打造又是一个特别的领域，对从业人员的综合能力要求较高，既需要有文创领域的基本素养，又要有实体经营的转化能力，而我国的一些高校并没有开设相关专业，所以专业人才的欠缺是这个行业最大的痛点。

我一直以来认为自己比较幸运，近三十年来一直在营销领域里摸爬滚打，见证了相当多优秀的中国本土品牌企业的崛起。这么多年的职业生涯，我总是遇到非常好的时机，遇到非常优秀的企业。我从传统实体营销领域转型文创领域，自年轻时入行开始经历了中国传统服装企业的造牌运动的三次大潮，从劲霸男装到九牧王男装，又经历了贵人鸟运动的高速发展期，感谢功夫动漫董事长李竹兵先生让我以功夫动漫顾问与高级合伙人的双重角色进入文旅行业。

深耕文旅产业十三年，我见证了功夫动漫从一个十几个人的创业型公司，成长为国内打造 IP 数量最多的行业头部公司。这十三年正是中国动漫产业崛起的黄金期，是中国文创产业与文旅产业大融合的关键时期。在这十三年里我见证了国漫的崛起，也幸运地经历了中国动漫产业从缓慢发展进入高速成长的重要历程，更有幸参与打造了二十几个 IP 和超级 IP 项目。

在本书中，为方便读者理解理论讲述，我们引用了《新西游历险记》、西游小镇、笨笨鼠及其他功夫动漫参与打造IP的项目图片，并借助星×熊的案例进行了对比阐述，在此表示感谢。

本书能够顺利成册，要感谢团队伙伴的支持，感谢庄树鹏、王云昭、陈春燕、李志彬、邹婉贞、吴凡收集整理了大量的一手工作资料，感谢郭阿容、庄丽霞、藤子、程明发为本书提供案例上的支持。

本书也算是我们对这么多年的IP打造工作做出的一个整理与总结，我们认真地把工作过程中的实践、思考与经验都记录下来，希望借此抛砖引玉，与各位同行精英共勉。

目 录

第一章　IP 成就商业航母

第一节　IP 与超级 IP 的定义 // 3

第二节　IP 和超级 IP 的类型 // 9

第三节　超级 IP，新经济时代的核心壁垒 // 17

第四节　超级 IP 的商业价值和潜力 // 20

第五节　一个超级 IP 成就一个商业航母 // 25

第二章　IP 资产库的建立与管理

第一节　IP 和超级 IP 的资产特征 // 31

第二节　IP 资产的结构元素 // 36

第三节　如何建立超级 IP 资产库 // 42

第四节　如何管理好 IP 资产 // 45

第五节　做好 IP 资产保护 // 50

第三章 超级 IP 打造密码

第一节 IP 策略与粉丝画像 // 65

第二节 从视觉符号到超级 IP 的诞生 // 72

第三节 IP 视觉创意要感性也要理性 // 78

第四节 IP 的优质视觉符号形式是动漫 // 82

第五节 超级 IP 区域爆款理论 // 86

第四章 超级 IP 赋能方法

第一节 IP 是高质量的营销工具 // 91

第二节 IP 的营销逻辑与运营生态 // 98

第三节 IP 赋能品牌的操作重点 // 104

第四节 超级 IP 赋能文旅产业 // 112

第五章 超级 IP 的商业转化密码

第一节 超级 IP 的商业转化路径 // 119

第二节 找到相匹配的商业合作伙伴 // 124

第三节 IP 授权形式与合作内容 // 131

第四节 授权的流程与费用的计算 // 135

第六章　动漫形式超级 IP 的探索

第一节　用动漫的形式打造 IP // 139

第二节　动漫内容分类与用户群体特征 // 142

第三节　以动漫 IP 为引擎的经济模式 // 145

第四节　一个 IP 带动一座城的新产业 // 149

第五节　他山之石，我可借鉴 // 154

第七章　商业超级 IP 打造案例

第一节　迪士尼的优秀商业转化 // 165

第二节　快消品超级 IP M&M 巧克力 // 168

第三节　笨笨鼠 IP 的成长之路 // 171

第八章　城市超级 IP 打造案例

第一节　城市 IP 的老经典与新经典 // 181

第二节　四川省眉山市东坡区的"少年苏东坡" // 183

第三节　江西省赣州市兴国县的"长征先锋" // 194

卷后语 // 203

CREATE
SUPER
IP

第一章　IP 成就商业航母

　　超级 IP 是这个时代商业社会里重要的流量入口，是连接消费者的强关系链条，是互联网新生态体系里不可或缺的一环，换句话说，超级 IP 是互联网时代催生的新的商业链接语言，也是一种全新的商业生存方式。

第一节　IP 与超级 IP 的定义

一、IP 定义的不同观点

不知道从什么时间、什么节点开始，IP 一词成为互联网热词，如今，我们已经习惯把一本漫画、一部动画、一本网络小说、一档综艺节目、一部影视作品，甚至电子游戏中的角色等都称为 IP，而这些事物的共同特征在于它们都是有内容、有粉丝热爱的文化产品，更有趣的是我们也会把一些知名的企业家、偶像明星及自媒体网红称为 IP。

虽然 IP 最初所指的是知识产权"Intellectual Property"的英文缩写，但在今天的商业语境下，IP 显然不只是知识产权，我们来看看互联网上对 IP 的一些碎片式的定义。

观点一：凡是有内容、有一定知名度和一定粉丝群的文化产品或文化产品碎片，都是 IP。

观点二：IP 是可供多维度开发的文化产业产品。

观点三：IP 可以理解为爆款 + 全产业链。爆款是内容，全产业链则是基于内容的后续开发。

观点四：当某个文化产物经过长时间积累，形成自己的"人格"，即具有自己的世界观、价值观，它就会有一定的商业价值和受众，就可以被称为一个 IP。

观点五：IP 是一种文化符号，比作品或产品更加宽泛，是基于社会心理、社会文化、社会思潮所形成的一种共同的记忆、心理、想象。

观点六：IP 是指人类在社会实践中创造的智力成果的专有权利，特指具有长期生命力和商业价值的跨媒介内容的所有权和运营权。

上面的几种观点更多的是阐述了 IP 的属性，各自成说，各家争鸣，没有统一的定论。有趣的是不只是 IP，连知识产权一词在《建立世界知识产权组织公约》中也并没有一个更正式的定义。这也是当今人人说 IP，却各说各有理的原因之一。

我认为 IP 作为文化产业作品或产品，边界日益模糊，更被赋予了与形象识别更为紧密的意义，它代表着某一类标签或某种文化现象，同时它又代表着某一个品牌及品牌的无形资产，但是作为可以将其独特价值层层放大并能够适用或赋能各种商业业态的概念或创意，仅用"知识产权"的概念就显得不再准确。

二、关于超级 IP

IP 的发展通常会经历创意诞生、开发孵化、内容运营、价值变现四个阶段，彼此间通过 IP 的核心价值观交互强化，变现创造的价值会反哺创意生成环节，激发更多优质创意。从上游的网络文学，到中游的影视、动漫作品，再到下游的主题公园、游戏、衍生品，IP 的独特价值将会层层放大，不断挖掘和衍生出不同的商业形态，覆盖不同受众，形成价值环。这样就出现了一些拥有天量级粉丝群体的 IP，我们给它赋予了一个很通俗的名称：超级 IP。

互联网上大部分只解释了 IP，关于什么是超级 IP 常常只有一句话略略带过：超级 IP 是一个具有可开发价值的 IP，至少包含四个层级，我们称之为 IP 引擎。

知乎上有人认为，超级 IP 指的是具有属于自己的生命力和商业价值的跨媒介内容运营产业。当受众增多、流量提升，顶端那些可以创造出巨大商业价值的 IP，就是超级 IP。

新媒体领域的著名学者吴声老师是这么描述的："超级 IP 具备独特的内容能力，自带话题的势能价值、持续的人格化演绎、新技术的整合善用和更有效率的流量变现能力等特征。它是万物互联时代个人化或个体化的'新物种'，是由系统方法论构建的生命周期的内容符号，它可以是具体的人，可以是文学作品，可以是某一个具象的品牌，也可以是我们难以描绘的某一个差异化的、非物质遗产的继承人。"

功夫动漫创始人李竹兵认为，超级 IP 是基于具备内容影响力的知识产权形成的巨大经济产业链。至少有两个评判标准（如图 1-1 所示）：

1. 是否具有强大的内容黏度和粉丝流量；
2. 是否具有强大的商业变现能力及能否创造巨大的经济收益。

图 1-1 超级 IP 的两个标准

我认为，它是有着清晰辨识度、自带流量、变现能力强、变现周期长的文化符号，是依赖想象力构建的内容体系，这种内容体系有能力产生新的商业场景，让消费者透过 IP 的连接体验时代正在发生的变化。超级 IP 是 IP 的高级进阶，相较于 IP，超级 IP 才有能力进行长周期、高效率的商业转化。

超级 IP 的表现形式千差万别，却都具备着共同的特征：有自己的核心世界观和价值观、海量的粉丝群体、强大的流量优势和可持续挖掘的商业价值，具有跨平台可持续变现的能力。它的价值并不会随着时间而减少，它是一种能够抵抗"熵增"的资产。

超级 IP 的符号辨识度极高，自带营销势能和流量，能够获得粉丝深度情感共鸣及身份认同。其人格属性自带流量，拥有强大的内容创造能力，具有非常好的延展性和强大的跨界能力。通过基于负成本连接（快速连接、快速造势、有效承接、有效转化）的信任代理模式，超级 IP 的价值链是可以无限延伸的，具有足够吸引人的商业标签。因此我们看到许多 IP 打造正从泛娱乐形态快速渗透到各种新商业生态中，全维度深化为不同行业共同的营销策略，甚至是一种全新的商业生存方式。

超级 IP 强调的是它的内容化特征和人格化属性。由特定爱好者自发组建群体，传播人格化理念，进而形成的亚文化圈，其所有物质和商品的表达，都隐含了这个时代从物以类聚到人以群分，最终形成一种标签化、圈层化、仪式化的文化流程。内容既是 IP 的原点，也是新商业的起点。内容能否成为超级 IP，取决于内容力的强度。内容力是超级 IP 最基础、最核心，也是最能表现其长久生命力的关键所在，它涵盖了原创差异化内容的持续创造能力、传播能力和影响能力及商业属性。

比如我们经常看到一些市场上新推出的商品上面有可爱的 IP 符号，因为形象过于单薄，也没有二创或三创的内容升级，没有用户的参与交互，从商业角度看不到丰厚的 IP 资产，所以它只是一个商标的视觉符号，并不具备 IP 的属性，并没有能力发挥出很好的商业价值。

有不少消费者都还记得包装纸上一只形象很还原的白兔和那枚甜蜜的糖果,上海的某糖果厂借助大白兔形象,曾经将奶糖产品做到了行业第一,直至现在还有不少怀旧的消费者对其情有独钟。但很可惜,这家糖果厂并没有 IP 意识,也没有给予这只兔子更多的内容力与再创造资源,所以到目前为止它也只是知名的糖果品牌。

而提起大家熟知的 IP"孙悟空",我们马上就能联想到一只神化了的猴子以及与这只猴子相关的许多故事。"孙悟空"就是一个超级 IP,与"孙悟空"相关的产品及产业多年来从未从消费市场中消失——大的如文旅项目西游小镇、花果山旅游,小的如猴面具、金箍棒等产品都在消费市场中占有一席之地(如图 1-2 所示)。

图 1-2 《新西游历险记》剧照

在旧有的商业规则中，消费者更重视功能，功能体验是用户购买产品的核心原因。随着技术发展和普及速度越来越快，产品越来越同质化，仅依靠功能不再能打动人，用户的内心需求和精神满足，也就是消费者的价值情绪才是最重要的，消费者需要从产品上获得额外的情绪价值作为购买理由。

我们处在一个一切商业皆内容，一切内容皆IP的时代，超级IP很大程度上是基于内容本身，以人的连接为中心的，而不是简单的信息推送。只有人的交互度与黏性够高，商业模式才会反复被打开。

超级IP很难在短时间形成，并不是拍摄一部火爆的电视剧或写一本好的小说就行，需要数年甚至是数十年的经营与内容更新和商业转化。比如《哈利波特》，一开始也只是一本畅销书而已，后来作者从故事中衍生出整个魔法世界，出现在我们所能看到的所有平台上，包括数个线下乐园。二十多年后的今天，作者还在试图更新内容。

可见，超级IP不只是新的连接符号与话语体系，更是未来商业的游戏新规则。

第二节　IP 和超级 IP 的类型

一、IP 的类型

IP 的类型基本上分为两类（如图 1-3 所示）。

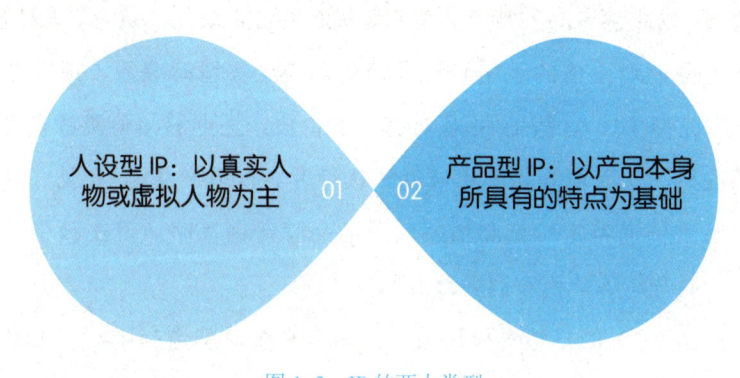

人设型 IP：以真实人物或虚拟人物为主　01　02　产品型 IP：以产品本身所具有的特点为基础

图 1-3　IP 的两大类型

（一）人设型 IP

人设型 IP，或称人格型 IP，是指基于一个有特色、有个性、有影响力的人物形象，通过粉丝经济，打造成的一个具有巨大商业价值的品牌。这种人物形象可以来自真实人物、虚拟形象、文学形象等，如明星、运动员、文化人物、虚拟角色等。

人设型 IP 的成功建立可以使其成为一个独特而又有影响力的品牌，这种品牌不同于传统的商业品牌，它依赖个人的独特魅力和个性化的特点。人设型 IP 是一种更加私人化的、深入人心的品牌化形象，通常采用基于个人独特魅力和个性化特点的商业化运营模式。

在商业价值方面，人设型 IP 可以通过人物形象和粉丝经济的运营，获取具有巨大的商业价值。例如，通过形象授权、衍生品开发、线下活动等方式，实现商业价值变现。同时，人设型 IP 也常常用于企业或品牌的宣传推广，增强企业或品牌的知名度和美誉度。

（二）产品型 IP

产品型 IP 指的是一些通过特定的承诺或暗示，与消费者建立情感联系，并传递特定价值的系列产品。这种 IP 类型通常以易分享、易互动的形式呈现，以突出产品的特点和优势，从而吸引和留住消费者。如杜蕾斯，他们通过强调对爱情的承诺和让爱情更加安全等情感联系，成功塑造了自己的产品型 IP。这些 IP 不仅具有商业价值，还能够与消费者建立深厚的情感联系，从而增强品牌忠诚度和认可度。打造产品型 IP 是一种通过特定产品来传递特定价值和情感联系的品牌营销策略，旨在吸引和留住消费者，提升品牌价值和商业效益。

但产品型 IP 的打造难度比较大，所以许多品牌选择用年轻人喜欢的动漫形式来打造产品型 IP。比如 M&M 豆，就是用一只只可爱的彩虹豆动漫形象来打造的，这些形象传递着品牌的各种信息与承诺，增加了用户的黏度。

二、超级 IP 的类型

超级 IP 则在 IP 的基础上升维，也分为两类（如图 1-4 所示）。

商业超级IP：   超级IP的   城市超级IP：
主体是企业品牌   类型   主体是城市文化

图 1-4　超级 IP 的两大类型

（一）商业超级 IP

商业超级 IP 也就是品牌 IP，主要是指那些商业模式成熟，拥有自己忠实用户群体的品牌打造的 IP。长久以来，这些品牌已经在消费者脑中形成了驰名和知名的意识概念，在消费者中已经具有相当高的知名度，这类品牌的商标、符号、形象都有可能被打造为超级 IP。

IP 是品牌内容的人格化载体。一个有趣的符号可以作为品牌的超级代言人，这类代言特色鲜明、符号化程度高、记忆成本低，同时携带了品牌核心信息，如品牌的历史、故事、性格和价值观等，让品牌有血有肉有温度。这些品牌的超级代言人携带的品牌信息都能不断强化品牌气质、品牌认知及品类认知，成为与目标消费者沟通时最为亲切的媒介，最终作用就是占领消费者心智中的形象记忆单元。要知道，消费者心智中这种记忆单元是非常稀缺的。

在商业领域，一个成功的商业 IP 能够凭借其影响力，在多个平台上获得流量并进行分发，进而产生经济效益。商业 IP 不仅仅是一个形象或品牌，更是一种能够带来效应的产品。

大多数品牌都会将 IP 的价值聚焦于赋能主业和与消费者的沟通，产生高质量的黏性，这也是我们常说的专业方向。

例如超级 IP 三只松鼠，通过设计独特的 IP 形象，将品牌人格化，使品牌更具个性和魅力，增强了品牌的辨识度和记忆度，从而吸引更多消费者的关注和喜爱（如图 1-5 所示）。

图 1-5　三只松鼠的 IP 形象

三只松鼠的 IP 形象具有可爱、亲民的特点，用于产品内外包装、赠品、宣传单等，为消费者带来独特的体验。这个 IP 还通过故事、互动等方式与消费者建立深厚紧密的情感联系，满足消费者的多元化需求，提高品牌竞争力。

三只松鼠的 IP 形象应用于各种营销渠道，如动漫植入、影视剧植入、代言、视频网站贴片广告等，从而实现品牌的多维度传播，提高品牌知名度和曝光率。

三只松鼠打造 IP 的经验为其他企业提供了有益的启示，企业可以通过强化品牌形象、深化消费者关系、拓展营销渠道、创新产品和服务以及聚焦用户体验等方式，实现品牌价值的最大化。

(二)城市超级 IP

通过提炼城市文化的核心和优秀基因,发挥城市吸引力、城市感召力和产业竞争力,就能创造出一个个性化、符号化的具体形象,并将它打造为城市超级 IP。

IP 是互联网时代产生的文化中介,原汁原味地记录着人们的观点、态度。城市超级 IP 的打造能打破国家、民族、地域之间的文化隔阂,将城市文化的趣味性、特质性和关注度,转化成变现能力强、变现周期长的高价值文化 IP 要素。

以文化创意产业为媒介,链接创意设计、品牌营销、制造产业等多元行业,构建起完整的城市超级 IP 生态圈,这样能够促进城市产业协同发展和转型升级,并将人流、物流、资金流汇集,帮助城市经济提升活力和创造力,赋能城市,因此城市 IP 是一个城市综合竞争力的重要组成部分。

城市也是一个组织,城市的每一次宣传、每一个广告、每一个海报等,都在持续积累城市品牌资产,这在城市发展建设中起到非常重要的作用。用 IP 这种大众喜闻乐见的形式宣传城市,更能引发老百姓的共鸣、建立情感连接。

互联网时代成就了城市文化的 IP 化表达,使 IP 成为新的连接符号和话语体系。城市超级 IP 源自城市文化,所以它天然自带能量与流量,能快速聚集所属城市民众的热爱与人气。IP 的流量势能是可以转化为经济能力的,IP 的塑造无疑已经成为城市形象打造或品牌打造与营销传播的重要工具。

城市超级 IP 一般是从两个方面去挖掘,一是城市文化,二是城市产业(如图 1-6 所示)。

图 1-6 城市超级 IP 的挖掘方向

目前很多城市打造城市超级 IP 时基本上是以城市文化作为 IP 的 DNA，也就是我们常说的文旅 IP。

比如福建泉州以一个叫蟳埔的小渔村，以传承了千年的民俗风情为元素，打造旅游 IP——非遗簪花围。一句"今生戴花来世漂亮"，瞬间点亮了许多女子收藏心底的那份情愫。于是，我们看到了 IP 的力量，大量的游客来泉州必戴花，泉州的大街小巷都是戴着花饰品的小姐姐，在蟳埔这个小渔村居然有几十家大大小小的簪花铺。一部手机，一台电脑，一个十几平方米的空间，能够设计、化妆、换装、簪花，年轻人就可以实现自己的创业。泉州本地人就热衷戴花，节假日常常约上三五个好友去戴个花、拍个照，放松一下心情，而如今很多地方都开始流行戴花了，甚至从互联网上可以看到戴花的风潮居然流行到国外了。

通过挖掘城市产业的智力成果，也可以打造城市超级 IP。城市产业的智力成果是指人们在产业活动中通过脑力劳动创造的精神财富，内容涵盖产业优势、专利技术、知名商标（商品商标、服务商标、集体商标）、文学创作、国家地理标志等，它们具有重要的经济价值和社会价值，是推动产业发展和技术进步的重要动力。基于当地优秀的支柱性产业产权挖掘 IP，可以给 IP 赋予新的人文故事内容。城市产业是指由商业利益相互联系的、具有不同分工的、由各个相关行业所组成的业态总称。

长久以来，我国在全球制造业产业链条的价值分工中处于较低端环节，主要是凭借低成本的劳动力红利赢得市场份额，承担的也主要是贴牌生产的工作，"中国制造"曾经被认为是质量低劣的代名词。如今，这一情况可能已经一去不复返了，随着更多和中国类似的劳动力密集型经济体渐次完成了内部经济体制的改革与市场的开放，并逐步融合到全球产业分工中来，中国低成本劳动力的优势已经开始褪去。

文创产业的发展，本质上能够帮助中国制造业，实现从OEM（贴牌生产）向ODM（原创设计制造商），进而向OBM（原创品牌制造商）的转型升级。在当前产业升级突破的关键时期，文创产业打造超级IP，可以助力我国培养自身的文化软实力，以抵御海外文化产品在市场上的扩张。

1979年开始，广东汕头市澄海区玩具产业兴起并竞相发展，城乡开办小作坊，使用手动注塑机制作小玩具。1985年起，玩具产品从以简单的手动玩具为主逐步转变为以电动玩具和电子玩具为主，彼时企业的订单大部分是为海外品牌代工。随着澄海玩具礼品业产值不断扩大，企业家们也来到商业命运的分岔口，一边是稳定的贴牌生产订单，有源源不断的需求，只需复制就能完成；而另一边则是迷雾重重、遍布荆棘的原创道路。天生有着敏锐商业嗅觉的潮汕商人义无反顾地走上了"自主设计、自主研发、自主生产"的道路，致力于打造自主品牌。

经过30年的自主研发之路，现在澄海有超过1.2万家的玩具礼品生产经营企业，超过13万从业者和3000多家国内外玩具贸易公司。2016年，澄海玩具礼品行业产值达443亿元，规模以上玩具企业数、产业链配套及产值规模等指标，均远高于国内其他地方。这就是澄海玩具从贴牌加工到开拓自主品牌、打造自主IP的蜕变新生。

一位企业家曾表示，一个普通的悠悠球只卖几元钱，有知名动漫形象代言的品牌悠悠球却可以卖到几十元至上百元不等，IP 成为提高玩具产品"含金量"的一把"金钥匙"。从迪士尼、孩之宝的成功案例可以看出，原创动漫影视作品热播可以拉动玩具销售，带来无限商机，为玩具产业转型升级提供了新思路。

如今，澄海区已有数十家玩具企业跨界进入动漫文化领域，开发动漫作品及衍生玩具产品，以延长产业链条，已累计投资制作了超过40部动漫作品，IP 成为引领玩具产业升级的"最强助推器"。

文创产业还能够帮助后工业化时代的城市"凤凰涅槃"。我国有众多的资源型城市，在工业化进程中，这些城市通常都是当地经济增长的重要驱动力，但近年来逐步面临着转型的压力。从海外经验看，只要利用得当，文创产业可以助力老工业城市转型升级。

第三节　超级 IP，新经济时代的核心壁垒

在全球文化产业正在全面拥抱数字化的大背景下，全民文化意识都在提升，引领创新的科技技术也为文化产业创新提供了可实践性的背书。新的技术普及，导致文化的形态，以及文化消费的方式和观念都发生了颠覆性的变化。现在听音乐、看书、看剧，都是一部手机就能解决的，利用"文化+科技"的融合来打造 IP 已经成为这个时代文化产业创新的典型表现，是一种新的文化生产方式，这种文化创新模式既是文化产业发展的内生需求，也是文化市场外在的迫切需求。

事实上我国的 IP 市场早已是一片红海，卡通 IP 如"吾皇猫""奶龙""笨笨鼠""冰墩墩"等，游戏 IP 如"羊了个羊"，还有春晚捧红的舞蹈 IP"只此青绿"……但 IP 经济的发展却仍处于初级阶段，很多 IP 有热度却时间不长，有内容却没有传播力或影响力，变现能力差，商业价值并不高。主要原因是我国的知识产权产业刚刚起步，目前还是落后于发达国家，IP 同质化严重，缺乏生命力，甚至重炒作不重原创，这样就难以发展成产业。其实文化产业概念内涵非常丰富，囊括了内容创意生产、商品制造、商品流通、用户服务等多个环节，是一条以文化、创意、内容为源头，用产品化和服务化的形式，通过渠道进行流动和分发，最终传递给消费者，实现经济价值创造的产业化路径。

文化服务业是泛文化产业增长的核心驱动力。从产业发展的角度看，2013年后中国的服务业对经济的拉动作用已经超过了工业，成为经济增长的新引擎。虽然经济总量增速下了一个台阶，但文化创意产业仍然维持了13%的高增速，相关产业占GDP比重也逐步提升到4.2%。

腾讯新文创研究院副院长罗施贤表示："文化产业只有布局的广度和笼统意义上的规模是不够的，因为那样只停留在数据层面，'新文创'需要以IP构建为核心的文化生产方式，实现文化价值与产业价值的良性循环。从广度转向深度，实现体系化成为关键。"

从商业竞争力的角度来看，IP具有足够高的竞争壁垒。竞争壁垒包括资源垄断、粉丝黏性，以及技术和专利，恰好这三样是IP全都具备的。

1. 资源垄断。IP内容资源形成的垄断是相当不容易打破的，因为构成这些垄断的要素往往是独有的，是竞争对手无法直接获取或占用的资源，这也是让竞争对手无法取得竞争优势的重要因素。

2. 粉丝黏性。粉丝黏性是指可以击穿各种壁垒的强感情，是粉丝对一系列IP的关注度、接受度、包容度，拥有这样的黏性对于品牌来说是极不容易达到的境界。品牌与消费者的连接主要是靠产品消费，通过产品的消费进行认知和交互，这种黏性具有各种不确定性，比如用户年龄的增长、喜好的改变，或是对产品求新求异的消费心理。而IP不一样，IP是通过与用户的共创来进行交互、提高黏性的，它强调的是与用户的共创性。

3. 技术和专利。IP内容是具有知识产权的，其独特的形象与人格化特征具有专属性，在知识产权保护下生产出有粉丝追捧的产品，这就与竞争对手之间形成了壁垒，使竞争者无法轻易模仿或者山寨，从而可以取得比较长期的竞争优势。

IP可以将文学、动漫、影视、游戏、制造等领域打通联系起来，每个领域的 IP 应用都会为这个 IP 拓展新的用户群，从而实现增值。超级 IP 对消费者心智的引导会逐渐形成行业壁垒，浸润生活方式，创造新的品类（如图 1-7 所示）。

图 1-7　IP 生态圈延伸示意

一直以来，我国的企业在对传统文化进行传承与创新时缺少数据化、数字化的支持，传统文化要通过文化创意产业得到新的发展，IP 化是最优质、最合适的选择。

IP 诞生于互联网时代，根植于互联网思维，打造 IP，以 IP 构建数字化生产方式已经深入影响到了许多的行业，成为传统产业转型的重要力量。

所以从 IP 到 IP 经济是一条前景广阔却艰难的道路，正因为路之艰难，超级 IP 才会成为新经济时代的核心壁垒。

第四节　超级 IP 的商业价值和潜力

　　与传统的卡通和吉祥物大不一样，IP 是实实在在的有价资产。IP 形象不只是一个图像化的符号或空有皮囊的吉祥物，而是一个有人格、有思想、有价值观的完整人设，然后可以用多元化内容不断注入其中，丰富其内涵。IP 拥有更多的功能，可以是深耕用户的新入口，可以是服务的新场景，也可以是创造精准连接的新价值。

　　IP 系统，是动态的、进化的、生态化的，而不是如品牌 VI 一样，一成不变，严格规范，作为品牌附属进行传播。

　　打造自己的 IP 将会是所有组织的重要战略之一。相信不久之后，许多城市和企业都会有一个 IP 池，里面有不同的 IP 角色，对应不同的人群、需求、场景、体验。至关重要的是，这些 IP 不止是用在营销上，还能提供互动和陪伴，更好地走进用户的生活，直至为其赋能。

　　我们看一些世界级的 IP，无论是视觉的知名度还是价值的认同度都很高，都在全球范围内得到了广大用户的接受和使用，同时这些 IP 能够随着时间的推移保持其影响力，有着持久的生命力，不易被淘汰或替代。这些 IP 不仅在其起源领域内发挥作用，还能在其他相关领域得到应用和发展，跨领域的应用能力使这些 IP 拥有强大的市场价值，衍生出的周边产品或者服务在市场上能够产生巨大的经济收益。

我们来看看城市超级 IP 的价值模型（如图 1-8 所示）。

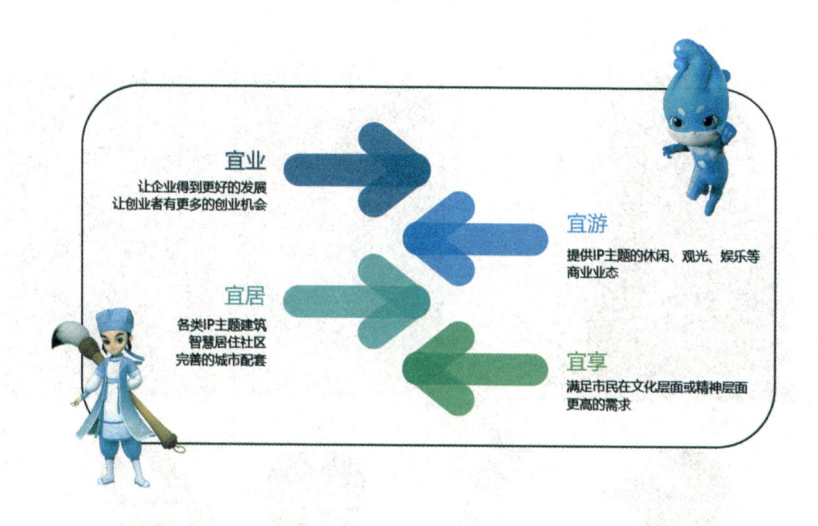

图 1-8　城市超级 IP 的价值模型

对于任何城市经济体而言，在推动城市内涵式发展的过程中，文化赋能城市经济，都是世界经济发展的重要趋势。经济的发展离不开产业集群。IP 与城市文旅融合，能够以标志性景观、文化资源及文化价值认同推动城市创新、强化城市品牌、拓展城市产业链。超级 IP 对城市的赋能，不仅仅在于文化领域，在产业领域也能有更多的深度创新。城市超级 IP 对城市的赋能能力不容小觑，可以链接全产业生态运营，可以实现城市资源的合理配置和价值提升，城市 IP 化的过程，其实就是将当地文化符号扩展到各个产业的过程。

当前很多城市已经或正在打造属于自己的城市超级 IP。如北京故宫超级 IP，较好的口碑带来了巨大的社会效益和良好的经济效益；福建石狮的"狮来运转"IP 让很多产品都潮起来、酷起来了，成为年轻人追捧的网红产品。这类 IP 模式的创新，就是以文化 IP 赋能城市经济的成功案例（如图 1-9 所示）。

图 1-9 "狮来运转" IP 的联名服饰

超级 IP 还能推动城市文、商、旅、创、居融合发展，给生活增添富有美感的文化细节，使悠久的历史文化故事在融合中变年轻。生态环境优美，生活舒适繁荣，是对城市居民最大的吸引力。推动地标性建筑、生态型公园、渐进式天际线等城市生活空间与居民的少年、青春、校园、工作等记忆叠加，能够提升居民幸福感。加强城市历史遗存保护和修复，能激发城市集体记忆，提升城市历史底蕴。采集城市历史美食、历史风情、历史街区等素材，能突出居民主人翁地位，让每个人都真正成为城市历史的一部分。让城市留下记忆，让人们记住乡愁，唤醒城市发展潜力（如图 1-10 所示）。

图 1-10 "笨" IP 的茶饮店

城市 IP 产业化是由一系列的文化政策、文化活动、文创平台、城市艺术、城市建设行为等组成的。具体做法可以参考以下几点：

1. 推动科研院所、文化机关和企事业单位与大型互联网企业合作，促进文化资源、文化生产与平台流量共建共享，使现有文化资源积淀和高端文艺创作能力与最广大的市场对接互动。

2. 借力发力，交合创新，通过创意、投资、运营合体，制定颁布一批城市历史文化资源产业开发名录，支持城市历史文化资源向文艺作品和内容产品转化，通过投资孵化 IP，将本地文化与城市 IP 纳入国有资产或文化事业管理，积累一批关键产权。

3. 鼓励运用区块链技术，开展城市 IP 孵化和衍生品开发，以城市文化体验中心和城市 IP 衍生品带动城市经济高质量发展。

4. 强化城市 IP 管理，构建精细化运营、专业化分工、规模化生产的城市 IP 工业体系。

5. 保持"城市 IP 文化内核"与"技术变现、商业化"的关系，推动新技术打通文化 IP 产业供给侧和需求侧，催生泛娱乐文化 IP 商业新场景、新机遇和新空间，赋能行业新发展。

6. 大力推进大数据、云计算、区块链与文化 IP 产业的深度结合，利用文化 IP+科技+知识+互动召唤等新兴传播方式，对丰富的文化资源进行系统性活化和演绎，打造网红城市超级 IP 生态体系。

第五节　一个超级IP成就一个商业航母

打造超级IP，以百亿经济链带动千亿市场的底层逻辑，就是共享经济。IP打造从内容创作开始，到衍生品设计、生产、制造，再到最终的商业转化，创造出围绕IP主题的、上下游共生的超级产业生态圈，不亚于造就一个商业帝国。一个城市就是一个IP产业生态圈。

超级IP具备市场粉丝优势，有带动产业投资的能力。城市超级IP生态产业链包含丰富的产业类型，这些产业共同发展，两年内可以带动区域经济，三年后可以推向全国市场，五年时间可以布局全球市场。

传统的文化推广方式，效果不可持续且成本过高，IP早已成为一种文化趋势，而中国城市超级IP产业却较为空白。

城市发展面临多重困境，而城市超级IP是新城镇化进程转型升级的引擎。城市超级IP能够推动文化传承创新，推动城市核心文化进行全球推广，推动当地传统产业更好发展，推动城市文化形成资产，总之，IP产业化可以为城市商业升级提供助力。

在四川旅游，总能听到这么一句口号："天府三九大，安逸走四川。"人们将三星堆排在九寨沟和大熊猫之前，可见三星堆文明的地位。

四川德阳政府联手功夫动漫将三星堆打造为德阳的城市超级IP。推出的动画片《三星堆·荣耀觉醒》将三星堆古文明融入动画之中，通过主人公云昊和小伙伴仿生机器人盖奇一路冒险探寻古文明的故事，循序渐进地展现三星堆的神秘和底蕴。三星堆动画片通过上百家电视台和互联网进行传播，将三星堆文化带进千家万户，使三星堆文明的知名度进一步提高，加速了德阳文旅产业的发展，德阳旅游业也迎来爆发性增长（如图1-11和图1-12所示）。

相关数据显示，2019年国庆黄金周，全市共接待游客302.75万人次，同比增长18.2%；实现旅游综合总收入201916.8万元，同比增长29.6%。其中三星堆博物馆景区接待游客7.92万人次，同比增长25.0%；门票收入310.73万元，同比增长11.1%。

图1-11 《三星堆·荣耀觉醒》海报

图1-12 《三星堆·荣耀觉醒》里三星堆博物馆的场景

超级IP能够惠及城市的全产业链，助力城市打造一个全新的亿万级的产业航母。城市超级IP立足于城市本身的文化内核，将IP内容与城市产业融合，以文化创意产业为媒介，链接创意设计、品牌营销、食品工业、鞋服产业、工艺品制造、电子商务等多元行业，并汇集人流、物流、资金流，从而构建起一个完整的城市超级IP产业链生态圈，促进城市产业的协同发展和转型升级，帮助城市经济提升活力和创造力。

面对新的市场环境，传统产业需要重新打造产业链，企业资产需要积累，投资风险高，并且民营企业投资文化产业属于商业行为，变现能力弱，市场竞争日趋激烈。

在投入与利润上进行比对，要实现10亿～20亿元的利润，传统产业需要100亿元的营收，3000到5000人的员工规模，投入资金30亿～50亿元；而IP产业只需营收做到30亿～40亿元，300到500人的规模，投入资金5亿～10亿元（如表1-1所示）。两者在创造价值的效率上差距特别大。

表1-1 传统产业与超级IP产业的产出能量对比

对比项目	传统产业	IP产业
营收（亿元）	100	30～40
人员规模需求（人）	3000～5000	300～500
投入资金（亿元）	30～50	5～10
利润（亿元）	10～20	10～20

第二章　IP 资产库的建立与管理

　　从事知识产权行业的人都知道，如果一个 IP 项目产生的经济效益比较好，那么续签合同时，价格与条件都会比第一次高。原因很简单，就是 IP 项目的商业价值得到了市场的认可，便有了衡量的标准。

第一节　IP 和超级 IP 的资产特征

一、IP 资产的特征

我们通常认为视觉符号是内容故事与消费者沟通的媒介，也是 IP 的载体。它能完整地体现 IP 强价值的文化力，它经法律赋予权利后可以成为有价资产，这就是 IP 资产。

从理论上说，IP 资产泛指有文化沉淀价值的、有商业持续开发能力的各种无形资产，相对于实物资产，它是虚拟的、数字的，又是真实的。它的核心是智力创造，包括了视觉设计、商标、专利、著作权、商业秘密等内容，是一种"非固态"资产。它的虚拟属性，使得它可以随时被复制传送到千里之外，它的真实性，使它又可以如同实物一样被依法分割（年限、收益权、使用权等）和转让。

IP 资产具备以下三个特征（如图 2-1 所示）。

（一）增值性

IP 资产具有强大的增值功能。它是虚拟的，可以在虚拟的世界（互联网世界）无限放大其价值，可以被拍摄成电影、制作成游戏。它也是真实的，具有"溢出"能力，也就是外部连接能力，所以它也可以作为实体商业的辅助工具，出现在各种实体商业模型中。

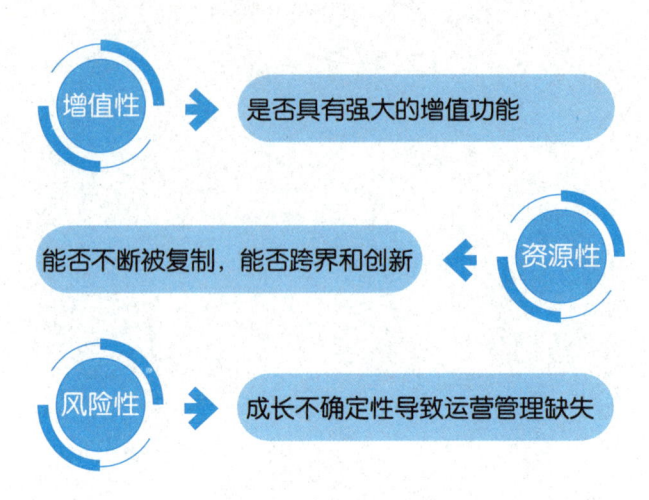

```
增值性 → 是否具有强大的增值功能

能否不断被复制，能否跨界和创新 ← 资源性

风险性 → 成长不确定性导致运营管理缺失
```

图 2-1　IP 资产的三个特征

优质 IP 的元素可以打通不同的产业领域，比如 IP 的周边产品、授权收益等都是它的增值功能。

在管理得当的情况下，IP 资产能为拥有者创造巨大商业利益。在未来跨平台时代，超级 IP 一定是最值钱的资产之一。

（二）资源性

优质的 IP 不受时间的侵蚀，不受媒介的限制，可以不断地被复制，拥有自己的粉丝，同时具有很好的跨界能力和创新能力。IP 的可复制性与可溢出性，不断激发着人们原始的能力——想象力与共情力。它的资源基因从诞生之日起就决定了它可以无限制地被热爱它的粉丝再造，正如"一千个读者，就有一千个哈姆雷特"一样，所有的粉丝对自己喜欢的 IP 都有自己的想象，这个想象可以被粉丝不断地进行二创、三创，这些是重要的营销资源，由此可以产生巨大的商业经济价值。

IP 资产的跨界能力、连接能力使得超级 IP 更像一个能量场（如图 2-2 所示）。所以我们才会说打造一个 IP 就可以成就一个商业帝国。

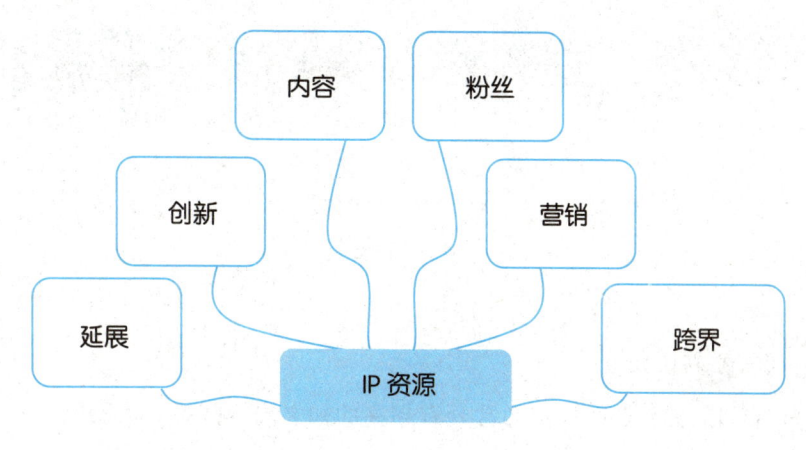

```
        内容        粉丝

    创新              营销

延展                        跨界

            IP资源
```

图 2-2　超级 IP 能量场

（三）风险性

IP 的价值是不固定的，它的成长也同样具有不确定性。IP 的内容取悦了粉丝，获得粉丝的热爱。反过来粉丝也会反哺 IP，让 IP 变得更有价值。但是 IP 产生价值的过程有可能很漫长，IP 的诞生只是产生价值的起始阶段，后期的运营、管理等每一个环节都至关重要，哪一个环节缺失，IP 的价值都无法产生出来。从 IP 的诞生到成长为有巨大价值的超级 IP，需要量的积累，也需要质的突变，这样才能形成高价值的 IP 资产。IP 的运营更加需要考虑投入成本和成长机会，也就是机会成本。

二、超级 IP 资产的特征

除了 IP 资产的三大特征以外，超级 IP 资产还有一些特征，其中最重要的就是它内容的丰富性，海量的内容是它能够产生巨大能量的关键要素，而 IP 内容的投入风险性较低。

超级 IP 资产的主要特征有以下几点（如图 2-3 所示）。

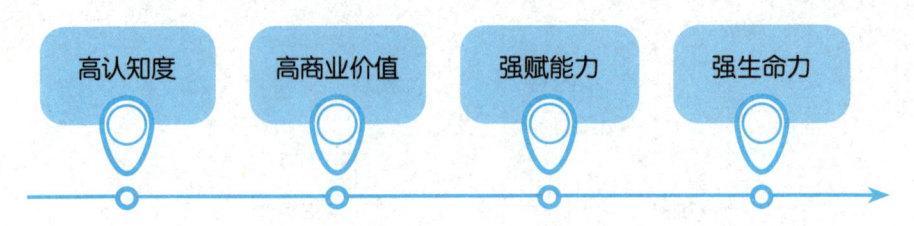

[高认知度] [高商业价值] [强赋能力] [强生命力]

图 2-3　超级 IP 资产的主要特征

（一）高认知度

超级 IP 在大众心目中通常具有超高的知名度，几乎无人不知，高认知度使得超级 IP 具有巨大的品牌价值，能在市场中迅速建立起强大的影响力。例如，漫威超级英雄蜘蛛侠就是一个典型的超级 IP，很多人都能轻易联想到它。

（二）高商业价值

超级 IP 的影响力已经成为一种无法忽视的商业资源。超级 IP 凭借巨大的影响力，吸引了大量的关注和粉丝群体，为品牌商家提供了绝佳的商业合作机会。品牌商家更愿意与超级 IP 进行合作推广，借超级 IP 的知名度为自己的品牌或产品带来更多曝光和销售的机会。因此，超级 IP 的授权费用也相当可观。

（三）强赋能力

超级 IP 具有鲜明的形象和辨识度极高的商业符号，结合其故事的发散能力和价值观的共鸣能力，能够赋予合作品牌或产品强大的势能与流量，影响品牌价值与产品风格的塑造，形成 IP 赋能效应。

（四）强生命力

超级 IP 的生命力主要体现在其持续吸引和保持受众关注的能力，以及跨平台、跨媒体、跨行业的广泛影响力。超级 IP 通常需要拥有优质的内容，并且长周期持续性地曝光。这可以确保粉丝始终保持对 IP 的关注和热情，同时也为 IP 商业价值的持续提升提供了保障。

超级 IP 的优势包括独特的创意和故事内核，持续的创新和更新能力，跨平台、跨媒体、跨行业的拓展能力，以及与受众的深度互动和连接，这些优势因素有机结合并相互促进，使得超级 IP 能够在激烈的市场竞争中脱颖而出，成为具有广泛影响力和持久生命力的文化现象，同时也为品牌商家提供了丰富的商业合作机会。

第二节　IP 资产的结构元素

我们来了解一下 IP 资产的结构元素（如图 2-4 所示）。

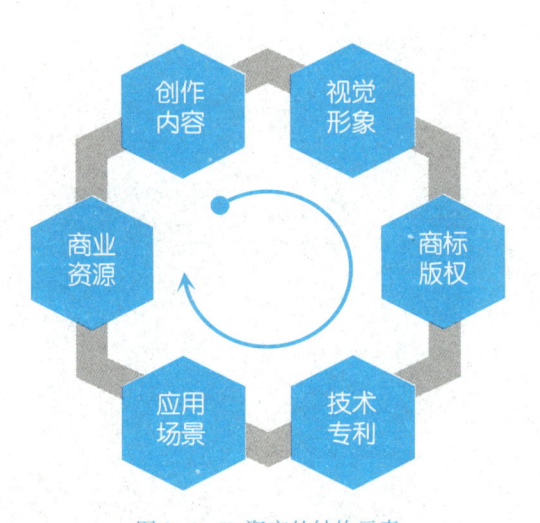

图 2-4　IP 资产的结构元素

如图 2-4 所示，可以看出 IP 资产的结构元素十分丰富，IP 资产越丰厚也就越有机会成长为超级 IP。

这个模型的结构内部是开放型的，可以无限大，外部是彼此互相支持的，并没有上下层级，事实上在实际创作中还是有顺序的，只是在 IP

的成长过程中它会不断升维。

我们来看看一个 IP 符号的诞生过程,从过程中了解 IP 资产的基本结构或底层结构。

形象符号设计要先设定目标人群,然后根据目标人群的喜好开始视觉形象方向的设计,这一项一项的细节创作就是一次次的资产积累过程。

比如,我们设定是人群是 Z 群体,就要先把 Z 群体的用户画像画出来,根据用户画像的标签来确定符号的方向。

第一步:设定目标人群。

第二步:根据目标人群的画像确定(内容)方向。

第三步:将用户画像的偏好用符号(视觉)呈现。

第四步:创造出更多的符号变化与应用场景。

第五步:将视觉表现符号化(简洁易用)。

由此可以看出,一个 IP 自诞生之日起就在不断地积累。不断设计新的视觉形象并不是设计新的 IP 符号,而是设计出更多的 IP 应用场景,无论是从二维到三维的进化,还是多元场景创作,这些都是 IP 资产的积累。视觉形象的内容积累我们可以称之为 IP 图库,这是 IP 资产库非常重要也是非常有意思的结构元素,然而它也常常被忽视。

事实上很多知名 IP 的图库就非常丰富,而且商业应用也非常高效,丰富的图库资源也便于后期 IP 商业转化。

很多人不明白为什么我国自主 IP 有的在互联网上很火,有的火一小段时间就消声匿迹了。一些 IP 也曾拥有不少的粉丝,然而生命力却很弱,也无法商业化,单薄的内容往往就是致命的原因之一。

长盛不衰的 IP 需要有很强的设计能力,甚至需要有足够强大的设计团队支持 IP 图库内容的持续输出。

有了视觉符号,IP 内容就有了载体,注册商标、多场景应用图库等版权是直接的资产，IP 的升维过程也是一种资产的积累，这些都是受到法律保护的 IP 核心资产之一，需要高度重视。

我们看看知名品牌三只松鼠的 IP 视觉符号的演变（如图 2-5 所示）。

图 2-5（a） 三只松鼠 IP 图库及产品应用（1）

39　第二章　IP 资产库的建立与管理

图 2-5（b）　三只松鼠 IP 图库及产品应用（2）

图 2-5（c） 三只松鼠 IP 图库及产品应用（3）

　　然后就是著作内容。有了载体就会有新的故事，有新故事就会有新的内容积累。例如四川省眉山市东坡区以宋代文人苏东坡为原型打造的城市超级 IP，版权方制作了 52 集的动漫剧《少年苏东坡传奇》，也同步出版了 10 本为一套的儿童教育绘本，这些既是内容，也是商业转化，更是资产积累（如图 2-6 所示）。

从商业化的角度来看，IP 可应用的场景就更多了。

图 2-6　少年苏东坡 IP 主题剧本游与体验馆

第三节　如何建立超级 IP 资产库

在我国的 IP 行业中诞生了太多昙花一现的 IP，有很多优秀的设计都没有成长为超级 IP 的机会，这些创作成果大多因为权利人没有运营能力而沉没或廉价转卖。

也有的创作者或版权所有人，因为没有很好的理解 IP 资产这个概念，只知道简单甚至粗暴地使用 IP 形象，并没有将 IP 资产价值充分发挥以获得更多的利益。

如果一个创作者没有能力运营一个 IP，那么尽力建立一个丰富的 IP 资产库是很有必要的。

IP 资产库到底是什么？如何建立 IP 资产库，让超级 IP 的内容真正实现资产化呢？可以说这在业界是一个很新的课题。

如果你不知道什么是 IP 的资产库，那么你就发挥一下你的想象力吧。物质资产需要实体空间存放，那么虚拟资产是否也同样需要一个空间来存放呢？

有朋友说："我电脑里有我的智力成果（IP）的所有设计资料，算不算是 IP 资产库呢？"我认为可以说是算也可以说不算。说算是因为当你需要使用 IP 元素的时候，你能够找到存放地点；说不算是因为你没有真正理解什么是 IP 资产，你需要回头认真看看我在前文里提到的 IP 资产的特征与超级 IP 资产的特征。

建立 IP 资产仓库，往简单上说就是将 IP 相关的所有内容放在一个空间进行管理；往专业上来说是将 IP 所有的资料进行分类存放。分类存放这一点很重要，但它的存放不等同于档案管理。

我总结了一个 IP 资产库的钻石模型图供大家参考（如图 2-7 所示）。

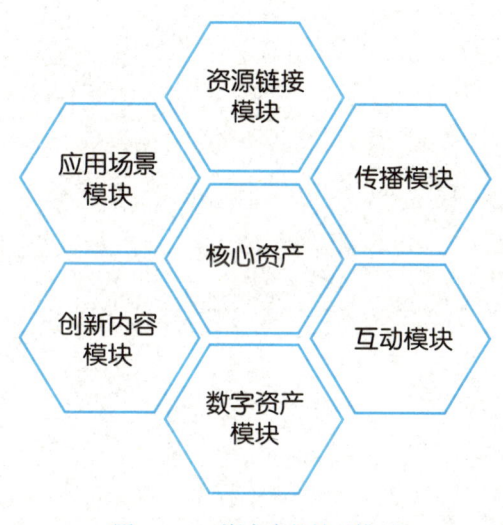

图 2-7　IP 资产库的钻石模型

在这个模型图里，IP 资产的各个模块一目了然，你只需要建立一个对应的档案，将所有的内容分门别类地放进去。

IP 作为原创性内容表达，在进化为超级 IP 的过程中会凝练成符号化的标签，IP 符号不断用内容连接广泛人群从而形成超级符号。追随 IP 的人群基数越庞大，它的生命力就越旺盛，并能成为这类人群日常记忆的超级符号。IP 资产高价值的至高法则是进入用户生活，成为生活方式中的重要元素，这就要用有价值的内容来承载和塑造 IP，形成差异化和识别度。

IP 具备稀缺性、独特性、专属性、不可替代性，围绕同一风格创作出的 IP 内容能让用户产生高度的黏性，并形成可识别的标签特性。高效聚合可辨识的 IP 特征，在内容红海中受到关注，形成热议话题，这也决定了超级 IP 的商业化效率。

因此，在这里将 IP 的资产分类也是一个技术活。

第四节　如何管理好 IP 资产

IP 资产的管理也就是经济体的知识产权管理，是知识产权管理与资产管理的双重管理与升级。将过去被动的权益维护管理转变为量化的、主动参与性的管理，这是知识产权管理的进阶阶段。新的管理模式能够助力经济体提高效益，构建核心竞争力，为产权所属组织增添一个参与市场激烈竞争的高效利器，这是在现今激烈的市场竞争环境下经济体立足的根本，也是至胜的法宝。

那么，如何管理好 IP 资产呢？简单来说有五个维度（如图 2-8 所示）。

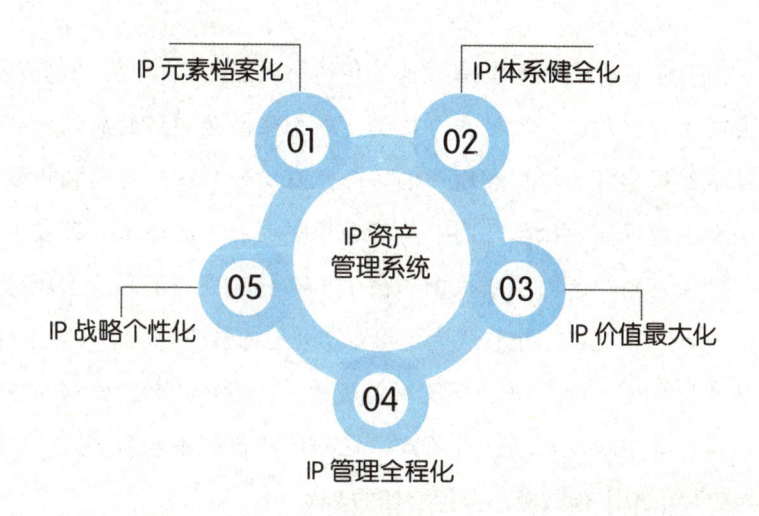

图 2-8　IP 资产管理系统的五个维度

一个创意从诞生到最终作品的呈现是一个复杂的过程，也是一个IP诞生的过程，这个过程如同我们人类一样是有生命力的。如婴儿一般刚诞生的IP，并不能称之为IP，也没有什么价值，它需要更多的内容哺育，内容越丰富，营养成分就越高，IP的生命力就越旺盛。从作品到IP，再成长为超级IP，这样才能有更大的价值。

从创意作品到IP要经历创意诞生、开发孵化、内容运营、价值变现四个环节（如图2-9所示）。

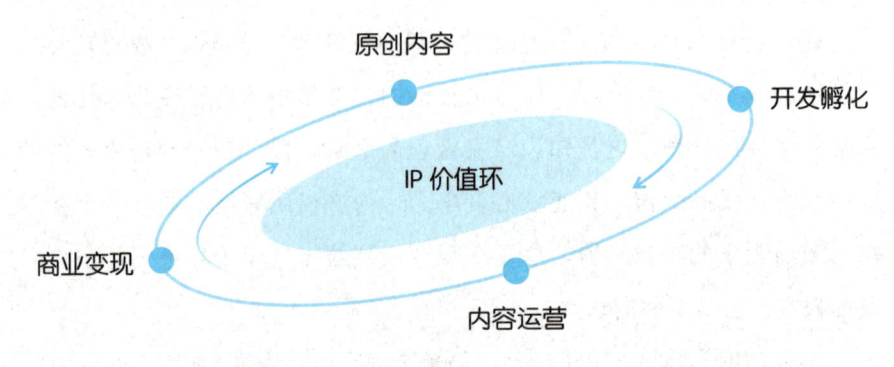

图2-9 IP价值环的四个环节

这四个环节彼此间通过IP核心的价值交互强化，从上游的创意表现，到中游的内容二次、三次创作，再到下游衍生品及周边商品的延展，IP的独特价值层层放大，引起用户的兴趣，有用户从情感共鸣到热爱再到追捧，就出现了商业价值。商业价值会反哺创意生成环节，激发更多优质的二创、三创。这样不断挖掘和衍生出不同的商业形态，才能覆盖不同受众形成价值环，IP也就成为泛娱乐产业链的核心。

从某种意义上看，IP资产的增值是通过价值环不断膨胀来完成的，所以在这个环节极易出现碎片资产，这些碎片资产也容易丢失，所以要养成对碎片资产进行归档并全程管理的习惯。

随着一大批由文字小说改编而来的电影、电视剧的热播,以及衍生出的游戏、周边产品的风靡,市场上逐渐出现了一些拥有天量级粉丝的优秀作品。但是优秀的作品要成为 IP,内容所承载的核心价值非常重要。IP 的核心价值决定了粉丝的质量,从另一个角度上看,粉丝的质量也决定了 IP 的生命力与商业价值。这些其实也属于 IP 资产的管理范畴。

我国的文创产业有太多的 IP 起起伏伏,绝大多数 IP 并没有价值,这其中不乏一些优质的 IP。重要原因之一就是没有对 IP 进行资产管理。

要想真正的让自己的智力成果创造出商业价值,就需要科学地管理 IP 资产。

内容生产是基础,内容既是 IP 的起点,也将是新商业的起点。IP 简单易记、易识别的视觉符号与有趣的故事,让基于社交分享的内容生产方式有了可扩展性。社交分享是内容传递的有效途径,基于社交网络形成可传播的内容,用跨界元素解构生成新内容,进而产生令人耳目一新的创意和层次感丰富的内容,这样容易形成传播动力,也让 IP 具有可转化性。以前我们只能基于阅读内容进行想象,现在变成可以在电脑或手机上操控你以前想象的人物,人们开始越来越多地获得了"虚拟世界"的可控能力。

我们在虚拟世界的制造能力越来越强大,一些玩家在知名的游戏里做任务、交朋友,完成一个又一个的新挑战,走出游戏,他们还会参与线下粉丝活动或各种动漫节。再次强调,IP 视觉符号与内容也是 IP 的载体,这个载体能够完整地体现 IP 价值的文化力,这个载体就是 IP 的资产,这个资产及其无形价值在各类组织里很容易被忽视。

IP 资产价值可计量的。IP 资产的估值公式:

$$IP 资产价值 = 内容价值 + 商业价值$$

内容价值的衡量标准很简单也很有趣，就是有没有被二创成影视等文艺作品，被二创的次数越多价值就越高。

商业价值的衡量标准就是将知识产权变现为知识财权，也就是授权金越高或商业应用越多，IP 的商业价值就越高。

一切商业皆内容，一切内容皆 IP。

但是，现阶段很多产权方还没有打破长期以来"资产管理就是有形资产管理"的思维定式，就算有意识地注册了一系列商标，也并没有对组织内的"无形资产"展开真正有效的管理与运营。

为什么会这样？主要有下面几个原因：

1. 对无形资产的管理意识淡薄。产权方并没有意识到无形资产的重要性，充其量也就是对组织的商标有些基本的保护意识，比如注册商标，不让竞争对手占用。当然也不排除一些产权方是有心无力。

2. 专业人才匮乏。因为 IP 经济是随着互联网经济的火热而火热的经济现象，专业的知识产权管理人才储备量不够，有些是专业能力达不到要求，有些是组织的人员配置不到位。

3. 管理方法缺失。由于 IP 资产的复杂性，现有的管理体系并不能很好地支持这些无形资产在投入、成本、产出和资产寿命周期等方面的管理。

我们从工业经济时代走进了知识经济时代，知识产权形成的资产正在逐步挤占实物的价值地位。有效的管理与合理的应用才能真正让 IP 产生价值。IP 管理的至高境界就是有能力将一个 IP 管理成超级 IP 并持续拥有。

IP 资产的管理还有一个很重要的内容就是商业行为的规划，包括商业授权。IP 的授权合作实际上是两家公司的资源融合，IP 版权方和被授权方是需要进行 DNA 匹配的，这种匹配不仅是品牌、产品的匹配，调性的匹配，更是在用户群体的运营思路上相匹配，也就是要"门当户对"，这就需要个性化管理。

不管是 IP 的版权方还是企业，都需要健全的 IP 资产管理系统，把 IP 当作企业的重要资产来看待，这些资产有可能比你的厂房、设备更重要。

刚才我们提到，IP 是需要建立资产库的，保存在电脑里仅仅是物理空间的存储，如何向外界展现并促进合作才是 IP 资产库最为重要的作用。

如何高效地管理好 IP 资产同时支持 IP 的商业转化是个挑战，对国内的同行来说也是一个新课题。

作为已经成功打造《三星堆·荣耀觉醒》《少年苏东坡传奇》《节气小精灵》等多个城市超级 IP 的企业，功夫动漫拥有海量超级 IP 资产。面对新课题，功夫动漫创新了 IP 资产管理模式——建立"超级 IP 库"，用非常简便、高效的方式动态展现 IP 打造的成果，更利用"智能新品"这一高效的 IT 工具，将 IP 元素一键切换到产品上，让企业一目了然，了解产品 +IP 的应用效果，从而快速建立版权方与企业方的授权合作（如图 2-10 所示）。

图 2-10 功夫动漫超级 IP 库界面

第五节　做好 IP 资产保护

知识产权也被称为知识所属权或智力成果权，是指权利人对其所创作的智力劳动成果享有的财产权利，是一种无形的财产权，是物权的一种。

知识产权的民事权利包含专利权、商标权、著作权（版权）、地理标志、商业秘密等其他智慧成果。这其中，知识产权保护的重点在于著作权、专利权、商标权和商业秘密。

一、知识产权保护的必要性

构建知识产权保护机制是必要且重要的。

首先要利用知识产权制度进行财产确权。知识产权可以成为企业获取与保持市场竞争优势，谋取最佳经济效益的策略和手段，每个企业都应该有将知识产权提升到战略层面上的思维。而事实上，很多的企业领导在这方面的认知度不高，将知识产权确认为财权的意识也不高，关健原因其实是人们在这方面的知识缺乏，社会的普识度不高。所以我们才会看到很多莫名其妙的知识产权纠纷。

知识产权战略根据权利主体不同可以划分为国家知识产权战略、行业或产业知识产权战略和企业知识产权战略三个类别。

相对于知识产权制度而言，知识产权管理实质上属于在制度的背景下和框架内,如何有效地运用和实施知识产权制度的措施。也就是说,知识产权制度是知识产权管理的基础,它系统地规定了知识产权管理的性质和内容,是综合设计规划和整体运用知识产权的方式。

随着信息社会和知识经济的到来,知识产权制度在促进经济发展、科技进步和文化繁荣方面发挥越来越重要的作用,国家也出台了《中华人民共和国商标法》《中华人民共和国专利法》《中华人民共和国著作权法》等法律法规,为知识产权保护提供了法律依据。

具体来说,知识产权方面的侵权行为有以下几种:

1. 侵犯著作权。未经著作权人许可,复制发行或通过信息网络向公众传播其文字、音乐、美术、视听作品,计算机软件及法律、行政法规规定的其他作品的。如擅自搬运电视剧、电影上传至网络平台播放,出版他人享有专有出版权的图书,或未经他人授权直接复印他人书籍内容来出售等。

2. 侵犯商标权。未经注册商标所有人许可,在同一种商品、服务上使用与其注册商标相同的商标。伪造、擅自制造他人注册商标标识或者销售伪造、擅自制造的注册商标标识。

3. 侵犯专利权。比如未经许可,在其制造或销售的产品或其包装上标注他人专利号。

保护知识产权就是保护创新的火种,创造者的权益得到保护,整个社会的创造力才会被激发。

尽管我国已经出台了一系列的知识产权法律法规,但在实际操作中,知识产权的保护仍然面临着诸多挑战。其中,最突出的问题之一是知识产权侵权行为的频发。这既包括个人层面的侵权行为,如未经版权方许可,复制、传播他人的作品;也包括企业层面的侵权行为,如假冒他人专利、侵犯商标权等。这些侵权行为不仅损害了原创者的利益,也破坏了市场竞争秩序，阻碍了创新的发展。

为了应对这些挑战，我们需要采取一系列对策。

一方面，我们需要提高知识产权意识，让人们明白尊重他人的知识产权是每个人的义务。另一方面，我们需要加强对知识产权侵权行为的打击力度，通过严格的执法和司法手段，让侵权者付出应有的代价。此外，我们还需要完善知识产权保护的法律法规，让法律法规更加适应科技和社会的发展，为知识产权的保护提供更有力的法律保障。

我们也需要认识到，知识产权保护不能一蹴而就，需要政府、企业、社会和个人等多方面的共同努力。政府需要出台更加完善的法律法规，企业需要加强自身的知识产权保护意识，社会需要营造尊重知识产权的良好氛围，个人需要自觉遵守知识产权法律法规。只有这样，我们才能真正实现知识产权的有效保护，激发全社会的创新活力，推动我国的科技进步和文化繁荣。

我们都知道著作权法保护的是具有独创性的作品，但不是所有的创作形式都可以称之为有独创性。

比如，书名不在著作权相关法律的保护范围内，不能获得著作权法律的保护。一方面，书名一般都比较短，能表达的信息有限，有时为便于读者理解和传播，还会选择将一些大众化的词语加入书名中，所以很难体现独创性；另一方面，图书与其他类型的文艺作品容易重名，按目前的法规难以进行侵权界定。如果提前把书名注册为商标，就可以受到商标法的保护。事实上商标注册有特别的规定，很多书名不具有注册为商标的资格。但是书名加内容就不一样了，有内容就有了著作权。有些企业负责人会认为只有注册商标才是品牌资产，所以特别在意视觉形象的注册，但在注册商标的时候却又只会考虑他自己关注的品类，更没有多少企业会想到版权注册。

从内容组成角度来看，知识产权可以分为精神和物质两个层面，也就是精神权利与物质权利，然后再细分为以下四大类别（如图2-11所示）。

图2-11　知识产权分类

1. 著作权又称版权，是指自然人、法人或其它组织对艺术创作和科技作品依法享有的精神权利和财产权利，也包括与著作权有关的邻接权，也就是商业转化过程中的作品传播者权。

2. 工业产权则是指工业、商业和其他产业中具有实际经济价值的无形资产的所有权，如专利和商标等的所有权，这些则称之为工业产权。

其中，商标权，是指权利人享有的在特定的商品或服务上以区分来源为目的的排他性使用特定标志的权利；专利权，是指根据发明人或设计人的申请，基于向社会公开的发明创造的内容，以发明创造对社会具有法律规定的利益为前提，根据法定程序在一定期限内授予发明人或设计人的一种排他性权利。

3. 人身权利是指权利与取得智力成果的人有不可分离的关系，这种关系获得法律的认可与支持。比如，作者在作品上的署名权，或对其作品的发表权、修改权等。

4.财产权利是指创作人的智力成果被法律承认后,权利人可以利用这些智力成果取得相应的劳动报酬或得到相应的奖励,这种权利被统称为经济权利或财产权利。比如,我们最常见的就是设计类的图稿或图形的商业化。

著作人或创作人的智力成果,从诞生之日起创作人就拥有它的所有权,可以转让,可以交易,也可以分割使用,可以依照各国不同的法律享有不同的权利和收益保护。

二、IP 资产保护案例

IP 是依靠想象力创造出来的,它的本质就是智力成果,或者说 IP 的本质就是知识产权。

在这里我们不得不说一些著作人知识产权的意识淡薄,甚至缺失,自己的智力成果被他人盗用商用时,不懂得用法律的武器去保护自己的财产。

知识产权的保护是专业的、系统的,需要专业技术与专业人才。

我们来看一个知识产权案例,姑且把它戏称为"鼠熊争斗"吧。

我们先来看看事情的脉络(如表 2-1 所示)。

表 2-1 "鼠熊争斗"知识产权案例脉络

单位	提请时间	内容	事项	结果
功夫动漫	2022年6月		提请星×熊商标无效宣告申请	2023年7月19日被商标局裁定星×熊商标无效,2023年8月18日裁定发文

55　第二章　IP资产库的建立与管理

续表

单位	提请时间	内容	事项	结果
功夫动漫	2023年9月	星×熊28件商标（侵权）无效申请：25790435、29581237、38245120、59793880、35783768、25790978、30607262、35114362、40758450、44707041、58160645、58163755、58169129、58141558、58141635、58141650、58148289、58155596、58157737、58157806、59779611、25786992、29562310、38222493、59798469、61202331、29581410、38227556		2024年1月30日答辩通知书发文
星×熊公司	2023年11月22日		提请笨笨鼠17件商标（三年不使用）无效宣告申请	2023年12月28日，笨笨鼠的16件商标被商标局公示撤销：26282392、18427498、12073479、28519859、28517234、28507894、18427311、18426992、11958205、18427392、26282360、28509213、28510834、28512169、11958205、28504630

我们来了解一下这场争夺战双方的实力与背景（下面双方的资料在互联网上和国家商标局的公开资料上都可以查到）。

笨笨鼠诞生于2012年，由广州某知识产权代理公司代理申请商标注册，注册时间2013年1月21日，注册号是1415，权利人是南通功夫动漫有限公司。

功夫动漫股份有限公司成立于2008年7月。

经营范围：动漫游戏开发；文艺创作；软件开发；专业设计服务；数字内容制作服务（不含出版发行）；电影摄制服务；平面设计；广告设计、代理；广告制作；玩具销售；教育咨询服务（不含涉许可审批的教育培训活动）；品牌管理；市场营销策划；工艺美术品及收藏品零售（象牙及其制品除外）；工艺美术品及礼仪用品销售（象牙及其制品除外）；数字文化创意软件开发；互联网销售（除需要销售许可的商品）；食品互联网销售（仅销售预包装食品）；货物进出口；技术进出口。（除依法须经批准的项目外，凭营业执照依法自主开展经营活动。）许可项目：网络文化经营；电视剧发行；电影发行；互联网信息服务；游艺娱乐活动。（依法须经批准的项目，经相关部门批准后方可开展经营活动，具体经营项目以相关部门批准文件或许可证件为准。）（资料来源：水滴信用）

星×熊诞生时间不详，由广东某知识产权代理公司代理申请商标注册，申请日期是2018年4月28日，注册号是25790435，权利人是广东永骏星×熊文化创意有限公司。

广东永骏星×熊文化创意有限公司成立于2020年8月。

经营范围：文艺创作；企业形象策划；市场营销策划；咨询策划服务；项目策划与公关服务；企业管理咨询；信息技术咨询服务；信息咨询服务（不含许可类信息咨询服务）；技术服务、技术开发、技术咨询、技术交流、技术转让、技术推广；平面设计；专业设计服务；图文设计制作；数字文化创意内容应用服务；摄像及视频制作服务；娱乐性展览。（资料来源：水滴信用）

我们再来看这只熊和这只鼠的对比资料（如表 2-2 所示）。

表 2-2 笨笨鼠与星 × 熊的资料对比

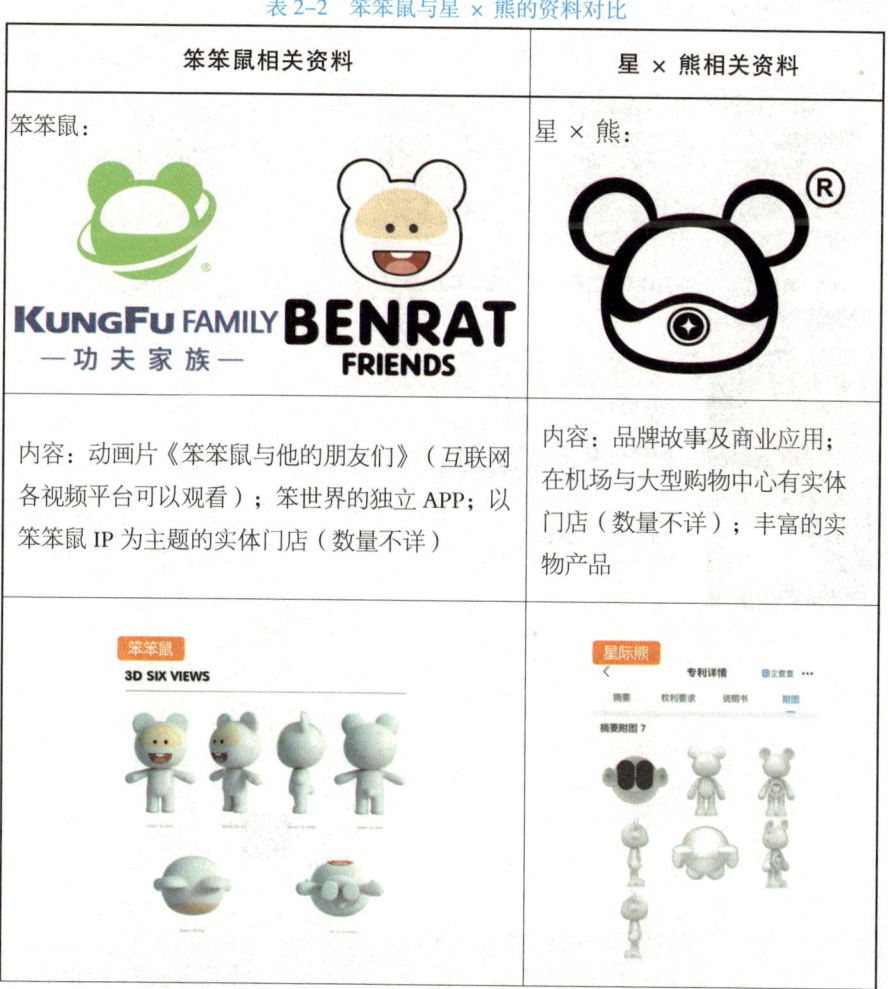

笨笨鼠相关资料	星 × 熊相关资料
笨笨鼠：	星 × 熊：
内容：动画片《笨笨鼠与他的朋友们》（互联网各视频平台可以观看）；笨世界的独立 APP；以笨笨鼠 IP 为主题的实体门店（数量不详）	内容：品牌故事及商业应用；在机场与大型购物中心有实体门店（数量不详）；丰富的实物产品

续表

笨笨鼠相关资料	星×熊相关资料
品牌起源 中文名：笨笨鼠 英文：BENRAT 日文：ベンラット 2020年晋升为亚洲新锐超级萌星 笨笨鼠星中日混血儿，小名叫阿笨，诞生于2012年由中国领先的动漫企业功夫动漫与日本著名设计公司Potato House（土豆）著名设计大师HELLO KITTY脂设计部长中田和幸等共同合资创造。 笨笨鼠动画片在日本播出取得成功，收视率全国前三，同时登陆中央电视台黄金档与全国数百家电视台 鼠年一举成为最网红的中国超级IP 在中国投资数亿打造了几十个商业体验业态 2020年晋升为亚洲新锐超级萌星，在日本与中国大放光彩	无相关资料
设计发展历程 2012第一代　2017第二代　2020第三代	无相关资料
笨笨鼠设计理念 白色代表和平，纯真 眼睛灵感来自中国国粹京剧，丑角，娱乐大众，把让每一个人开心做为最重要的使命 嘴巴笑口常开，积极向上 同时也爱吃，能吃是福 活生生的就是一只招财幸运鼠	无相关资料
笨笨鼠商标注册申请时间： 2013年1月21日	星×熊商标最早注册申请时间： 2017年8月10日

第二章　IP资产库的建立与管理

续表

笨笨鼠相关资料	星×熊相关资料
 笨笨鼠周边产品示例	 星×熊周边产品示例
 笨笨鼠美陈产品示例	 星×熊美陈产品示例
 笨笨鼠主题商店示例	 星×熊主题商店示例

　　功夫动漫是国内知名的综合型的动漫公司，擅长制造IP、创造IP资产，也擅长打造超级IP，笨笨鼠是公司自主IP。

　　在互联网上搜索一下能够看到非常丰富的笨笨鼠IP资讯，也能找到笨笨鼠主题的各种应用设计，从一系列动作上看，功夫动漫用了十多年的时间试图将笨笨鼠IP打造为一个超级IP。他们努力制造着笨笨鼠相关的各种内容，从第一部动画片开始为笨笨鼠IP赋予了丰富的故事性，用丰富的应用设计打造出与用户之间的情感连接介质。他们也开始将笨笨鼠IP进行商业转化，开发了各种以笨笨鼠为主题的商业业态，比如笨酒店、笨街、笨锅等，在成都的成华区居然还有一个笨笨鼠的主题商业街区。

这种坚持内容的投入不只是财力付出和时间上的投入，还能看得出所有参与创作的人员的超级IP梦。这种行为在国内的动漫行业中确实难能可贵。

与功夫动漫不同，广东永骏星×熊文化创意有限公司在商业模式上更加注重商业转化和变现效率。他们善于利用时尚潮酷的形象和高效的商业应用，将星×熊这一IP迅速推向市场。在机场、大型购物中心等繁华地段，星×熊的实体门店和各类实物产品也层出不穷。但在互联网上呈现出来的内容几乎全是商业应用的元素和产品展示，关于星×熊IP的其他内容几乎是空白的，看不出也没有找到除了商业应用之外星×熊公司对这个IP内容进行投入的相关信息。

从图标上来看笨笨鼠与星×熊像是"近亲"。

从名字上看又分属两个完全不同的种类。笨笨鼠名字就质朴憨厚，体现其陪伴型的人设，而星×熊则时尚潮酷。

从内容上看，笨笨鼠IP的人设内容比较丰富，应用场景也比较宽泛，星×熊则是很直接地进行商业变现。

这场引人注目的知识产权之战，不仅凸显了两家公司在动漫产业中的不同定位和商业模式，更映射出中国动漫行业的快速发展与变革。这两种截然不同的动漫产业定位和商业模式，各有优劣，也各有市场。

二者的知识产权之战，反映出我国企业在知识产权专业性方面的不足与不成熟，对于自身创新成果的保护意识不够，从另外一个角度上看则说明我国的企业对知识产权的重视程度和维权意识正在提升。这种知识产权之战可能涉及专利、商标、著作权等不同类型的权益争端。

同时,这场知识产权之战也暴露出我国在知识产权保护和维权方面仍存在很多挑战和问题。面对知识产权侵权行为的困扰,各方需要进一步加强知识产权的保护和执法力度,完善相关法律法规,提高知识产权保护和管理的效率和水平。

随着国内法治环境的改善和知识产权保护力度的加大,我国企业在知识产权方面的意识正在逐渐增强。企业开始更加重视知识产权的申请、保护和管理,以确保自身创新成果能够得到合法有效的保护。

总的来说,二者的知识产权之战反映了我国企业在知识产权方面的进步和意识提升,同时也提醒我们要继续加强知识产权保护和执法工作,为企业创新提供更加良好的法治环境和保障。

在这场知识产权之战中,我们也看到了中国动漫行业的不足之处。一方面,一些企业在知识产权保护方面的意识仍然不够强烈,对于自身创新成果的保护不够到位;另一方面,动漫行业在商业模式和运营方式上也存在着一些问题,需要不断创新和完善。

这场知识产权之战不仅是一场商业争夺战,更是一场关于动漫产业未来发展的探索。它提醒我们,在动漫行业快速发展的同时,也需要更加关注知识产权保护和市场秩序的建立。只有建立起良好的法治环境和市场秩序,才能吸引更多的企业和人才投入到动漫产业中,推动产业的持续创新和繁荣。

展望未来,我们相信中国动漫行业将在不断创新和完善中迎来更加美好的明天。无论是功夫动漫的笨笨鼠还是广东永骏星×熊文化创意有限公司的星×熊,都将成为中国动漫产业发展的重要代表和推动力。让我们共同期待这一天的到来吧!

第三章 超级 IP 打造密码

　　IP 的价值观和认同感的背后是粉丝经济。粉丝们是因为认同 IP 的价值观，才会追捧一个 IP 形象，进而形成商业模式，产生商业价值。对于 IP 型产品来说，没有消费者的认可，IP 的商业价值与文化价值就无法实现。

　　优质 IP 会用人格化形象持续讲故事，挖掘各种生活场景，赋予用户更多有温度的陪伴来连接用户，持续建立情感来扩容受众，强化 IP 与用户之间的情感共鸣和生活关联，并将更多的目标受众转化成粉丝。

第一节　IP 策略与粉丝画像

我们从超级 IP 的结构，也就是内容组成元素来分析，超级 IP 绝对不是一个简单的符号，而是一个完整的系统（如图 3-1 所示）。

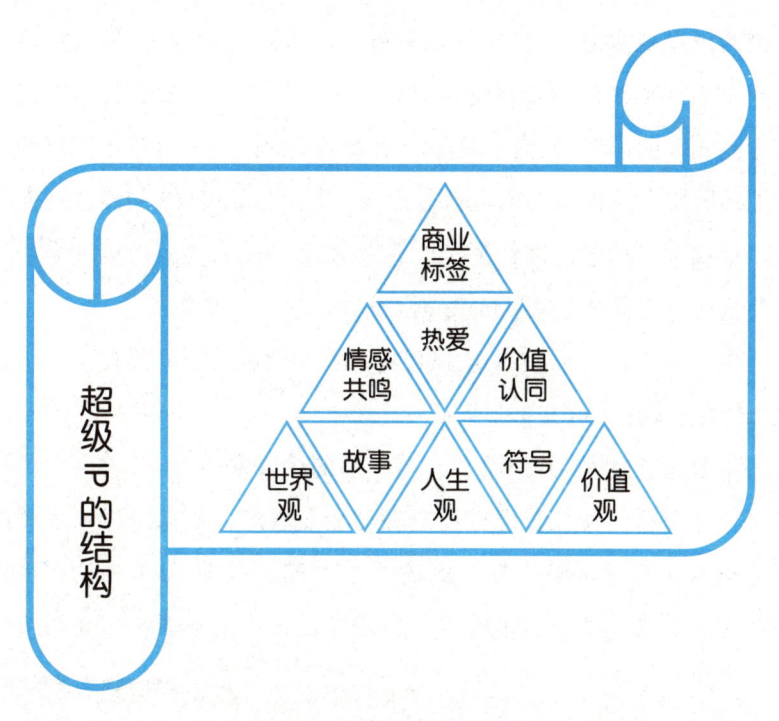

图 3-1　超级 IP 的结构示意

IP 的三观，也就是我们常说的 IP 核心价值系统：世界观、人生观、价值观。这是任何一个 IP 都不可或缺的核心要素，依托在正确三观的基础上讲述的故事、设计出的视觉符号，从原生开始就锁定了独特的人群，也就是有着共同价值观的基础粉丝。

　　没有正确的三观，就算强行讲述一个关于 IP 的故事，在后面的二次创作和三次创作中也会出现混乱。三观不同就不会有共同的粉丝群体，这是一个丢不掉的重要环节。IP 有了核心价值才可以容纳更多的内容和角色，让 IP 的内容更加丰富。比如漫威组合，从一个孤胆英雄到一个英雄组合，充分印证了相同的三观带给 IP 的商业价值。

　　理解了超级 IP 的元素构成，我们就明白了为什么打造 IP 是一个系统工程而不只是绘制简单的视觉符号。

　　因为现在业界对 IP 的定义没有统一，所以在日常对 IP 的打造与管理上也都是八仙过海各显神通。目前，由于互联网高效的传播效应，我们会看到许多的所谓 IP 大多是基于个人运营的，比如最近火出圈的"董宇辉"，因其自身内容的创造力非常强大，所以这个 IP 的商业化能力就很强，反观很多所谓的网红型 IP，因本质上并没有内容的创造力，所以其商业运营透支了内容之后就快速沉没。

　　凭借多年打造城市 IP 的实操经验，我与团队总结并提炼了一个城市超级 IP 打造模型（如图 3-2 所示）。

　　其中最主要的是 IP 策略白皮书。它的内容涵盖了 IP 方向定位、视觉符号特色分析、文化资源匹配度评估、发展潜力资源分析、各类产业资源分类、优质文化资产挖掘及 IP 内容策略。在 IP 打造的的实操中，策略白皮书非常重要，很多的广告公司可以设计出来非常漂亮的视觉形象，却无法打造成 IP，最终也只是个形象而已，很关健的核心操作缺失就是运营 IP 的策略，它的本质是 IP 核心价值源，也就是 IP 的底层支撑。

第三章 超级 IP 打造密码

1. 策略白皮书
2. IP 资产生成
3. IP 运营 + 创新
4. IP 生态圈
5. 商业转化
6. 财权保护

超级 IP 打造模型

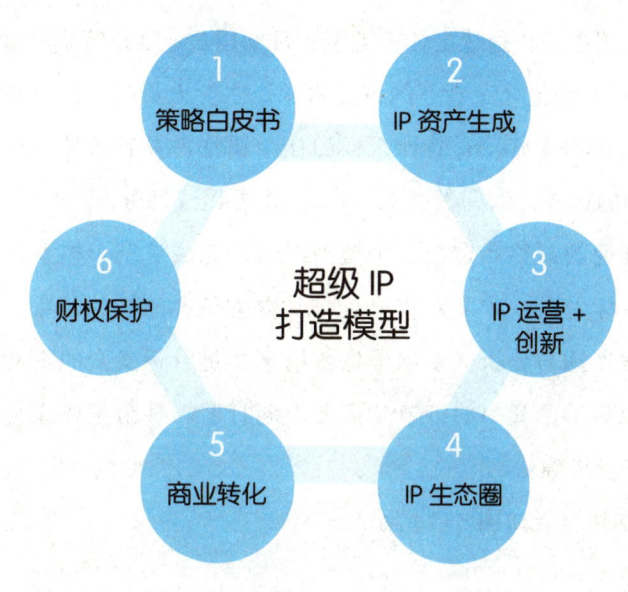

图 3-2 城市超级 IP 打造模型的六个重点

超级 IP 的策略内容主要有以下几个方面（如图 3-3 所示）。

目标用户　内容创作　人格化三观　潜力资源

IP 方向　产业资源视觉符号特点　文化资源　匹配度评估

图 3-3 超级 IP 的策略

策略的核心工作是选定什么类型的目标用户，这是策略的重中之重，也是 IP 的核心价值（三观）的重要来源。主要人群是男性还是女性，人群有着什么样的喜好，有着什么样的社会属性，具有何种的价值观，有着怎样独特的标签，这些都是 IP 策略的重要组成部分。

粉丝画像的最终确定由三个模型组成，完成这三个模型的工作后，才能确定目标受众。IP 目标受众的结构并非依靠感性的想象，更多的是理性的数据支撑与分析。粉丝画像是用来衡量目标受众的重要指标。三个模型看似简单，其中的细节却需要不断打磨，甚至是要重复多次相关工作才能够最终确认。

1. 基本模型（如图 3-4 所示）。

图 3-4 粉丝画像的基本模型

使用方法：这个模型是要把你能够想到的所有的关联词都写进去，越多越好，最好的方式就是团队头脑风暴，发动大家的力量。这个模型的关健点是做加法，而不是做减法，不去设限，能想到的所有相关词都可以写上去，然后用模型 2 做减法。

2. 数据模型（如图3-5所示）。

图3-5 粉丝画像的数据模型

使用方法：这个模型的重点在于对粉丝信息数据进行假设，这个假设很重要，因为没有假设就容易掉入自我设限的坑里，这也是很多人在做IP人设时常犯的错误，这个假设是感性居多的。行为数据是根据假设的信息数据给出的科学判定，是相对理性的数据，也就是说根据这个理性的行为数据，我们才能最终确定目标受众的标签。

3. 定型模型（如图3-6所示）。

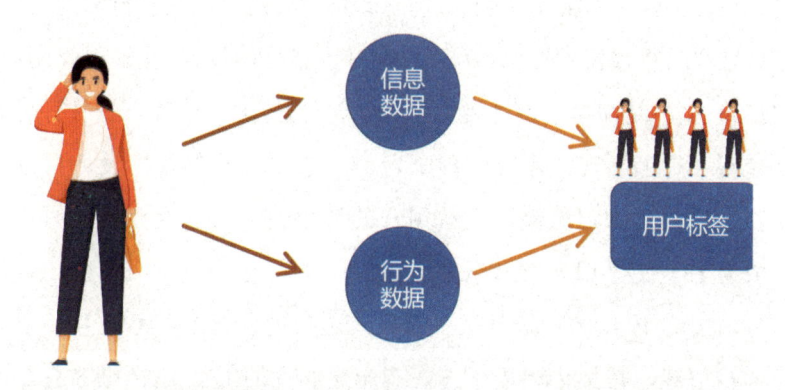

图3-6 粉丝画像的定型模型

使用方法：这个模型的重点就是把通过上述两个模型确定的一些信息与数据融合在一起，把目标受众标签化，从而最终达到以这类标签划分受众范围，形成IP自己独有的圈层受众的目的。

IP唤醒的是粉丝内心的情感与人格。

如果一个IP的粉丝群是3～5岁的低龄幼儿，那么它的故事必定会充满童话色彩；如果一个IP的粉丝群是18～22岁的青少年，那么这个IP的内容就可以更加宽泛。

通过目标受众群体的标签进行理性分析，我们才能有设计方向，比如什么样的粉丝喜欢陪伴型IP，什么样的粉丝喜欢有着自我投射的英雄型IP。喜欢孙悟空这种英雄IP的粉丝与喜欢节气小精灵那样温暖治愈型IP的粉丝绝大部分不会是同一类人，那么在设计表现上就需要不同的风格，后期的内容方向也就不同。这也是为什么我们在做策略时一定要先做粉丝画像，而不是先有视觉设计或故事。当然也有例外的时候，比如说有一个很棒的视觉设计，想把它打造成IP，那么就要根据这个形象去收集目标用户的特征，用粉丝画像模型去预设目标受众群体的标签，从而制订内容策略。

在整个策略中，IP的人格化设置非常困难，所谓的人格化就是IP的性格特征，也就是人格化的IP具有什么样的三观。在我们日常的工作中，有很多客户只重视视觉形象，而不重视IP人格化的设置。我一再强调的是，我们打造IP不是简单地设计视觉符号，符号是IP的载体，符号有灵魂、有价值观、有世界观，才有机会成为IP。很多优秀的视觉设计只有单薄的图像，连故事都很粗糙，没有用户的情感共鸣，就没有粉丝的热爱，很难成为IP，更不用说成为超级IP。

打造超级IP的方向选择至关重要，选择更有创作空间的IP，选择传播正向价值观、在文化和哲学方面有一定厚度的IP，选择更容易在各个媒介上传播的 IP 等，都会影响到后续的内容创作和 IP 的推广运营。

要营造 IP 专属性，让 IP 具有独特属性的标签。这个标签能够使这个 IP 与其他同类型的 IP 形成鲜明的区隔，更容易让人记住并热爱。具有独特性与稀缺性的 IP 被赋予更多的内容与人格化标识后，通过生活化、场景化、体验化、互动化的演变，最终就有机会成为超级 IP。

最后再说一下 IP 内容的持续运营。一个 IP 是否有生命力，不能只看其当下有多火爆，还要看其生命周期有多长。一个 IP 想要有较长的生命周期，就离不开 IP 的持续运营。如果一个 IP 因为本身过硬的内容而得到较高的关注度，那么这只是开始，只有通过后续的内容运营，积累自己的粉丝群体，形成粉丝社群来持续运营，才能使 IP 成为一个成熟的、有价值的、有粉丝拥戴的超级 IP。这本质上就是 IP 的商业转化。

第二节 从视觉符号到超级 IP 的诞生

没有内容的视觉符号，我们通常只能把它称为一个创意或一个卡通形象，而不能称之为 IP。从普通的视觉符号或卡通形象成长到 IP 是一个内容积累过程，再到超级 IP 就需要量与质的支持。很多 IP 从出生开始并不具备成长为超级 IP 的基因，有一个很重要的原因就是没有足够多的内容，没有丰富的资产支持它持续创造影响力，内容是 IP 的生命本源，是保障 IP 具有长久生命力的核心，也是未来商业转换的起点。

我国的城市、企业吉祥物很多是以动物为原型设计的，每一个设计都渴望成为超级 IP，发挥巨大能量，但遗憾的是大多数并不出彩。

例如阿里天猫商城的卡通形象是天猫精灵，这个 IP 形象在国内的知名度不小，但是喜欢这只猫的人可能不会太多。从设计上看这只猫有些特点，外形像猫又不确定是猫，有些木讷，没有灵魂，就是一个卡通形象而已，用户感受不到这只猫除了形象之外的内容和文化，如果把它当作陪伴型的宠物，好象有少了点猫的灵气，或者，阿里也只是把他它当作普通的电商平台吉祥物而已。

福建石狮市的城市 IP 卡通形象叫"敢拼"（如图 3-7 所示），有着两颗小虎牙，圆溜溜的大眼，这个形象大家似乎很眼熟，但又想不起它是谁，却莫名会喜欢它。它的人设是一只有进取心的、勇敢的小狮子，代表着闽南人敢于拼博的精神，这正是众多用户心里能够接受并渴望的东西。

图 3-7 "敢拼"IP 形象

二者最大的区别在于，天猫精灵只是一个卡通形象，没有灵魂；而"敢拼"是有灵魂的，代表了当地的历史文化与精神。

将从创意中诞生的视觉符号打造成一个 IP，是一次升维也是一次质的变革，是视觉形象从静态表现到动态角色的成长及互动连接的变化，是从点线面的传播到立体沟通体系的全面构建，从单向塑造到用户共建模式的完成。

把一个让人容易接受并能够理解的符号创作为 IP 形象，为此形象设定独特的私有化的内容，形象就可以被称为 IP 角色。IP 角色设定完成就可以看到相当完整的个人档案式信息，这个环节的功能简单，就是引人注意，让人识别、记忆。

视觉符号到 IP 角色的诞生有六个步骤（如图 3-8 所示）。

图 3-8 IP 诞生的六大步骤

1. 形象人格化：原型与人设，个性，初心和梦想。
2. 符号独特化：抢占某个亚文化标签，设定行为标签。
3. 世界观养成：价值观、人生观的建立并逐渐养成。
4. 内容多维化：用故事产生多元内容。
5. 场景细分化：细化其生活场景，可设计最小生活单元场景。
6. 情感互动化：连接各种资源，参与互动。

这六步完成后，一个拥有独立人格、思想、行为和世界观，一个有优缺点，有喜怒哀乐，并能与用户在当下的生活及未知的未来中，成长、赋能、创造新生活的 IP 角色就诞生了。IP 角色完成后的内容所承载或呈现的价值才是 IP 的核心价值。

超级 IP 需要大量的、多维度的、反复的传播，但仅有传播也不能成就超级 IP，需要持续演绎，需要链接各种与之基因、文化相匹配的资源，这类资源越丰富越能造就超级 IP。

仅有 IP 角色与内容是不够的，因为有生命力的 IP 永远不是单点突破的，也不甘于局限在某个特定层次，它会有层出不穷的内容授权与品牌联动，它的生命力已经深化为人们日常记忆的超级符号，而不是周期短暂的泛娱乐 IP。

只有当商业运营与 IP 的核心资产产生关联，IP 的生命力才能够长久，如果没有有价值的内容来承载和塑造，IP 就无法形成差异化和识别度，也不能产生巨大的商业价值。从某种意义上看，超级 IP 要塑造成型，就是要通过有价值的内容传播来完成的。

这就是我常说的一个 IP 成就一个商业帝国的底层逻辑，也是 IP 成长的引擎，这些商业运营的 IP 内容最终将形成超级 IP 巨大的高价值资产。

我们提炼了一个超级 IP 的生命通路（如图 3-9 所示）。

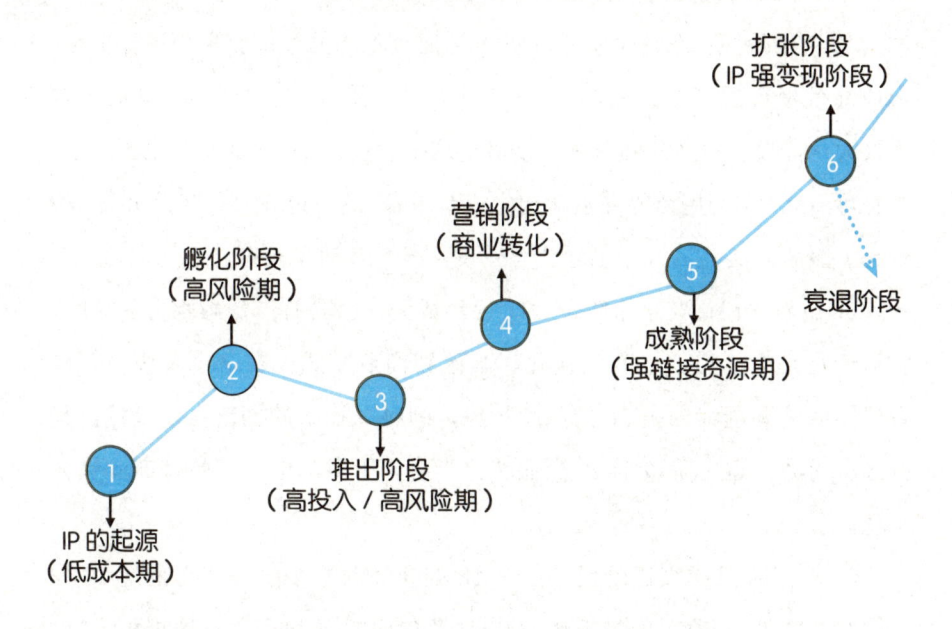

图 3-9 超级 IP 的生命通路

1. IP 的起源：这是创意阶段，通常是一个创新的想法或故事。在这个阶段，创作者或团队需要确定 IP 的核心价值和吸引力，通常包括独特的故事、角色、世界观等。这个阶段是低成本期。

2. 孵化阶段：在这个阶段，创作者或团队会进一步开发和完善 IP 的内容。这可能包括撰写剧本、设计角色、创建艺术风格等。同时，他们也会开始寻找合作伙伴，如投资者、制片人、发行商等。这个阶段是 IP 死亡的高风险期。

3. 推出阶段：在这个阶段，IP 首次与公众见面，通常是通过电影、电视剧、游戏、书籍等媒体形式。推出阶段的目标是让公众对 IP 产生兴趣，并建立起一定的粉丝基础，这个阶段需要一定的资金支持，所以这个阶段也是高投入与高风险期，很难有商业转化。

4. 营销阶段：在这个阶段，IP 开始通过不同的渠道和平台进行扩张，形成高效聚合的可辨识的超级 IP 特征。扩张阶段的目标是将 IP 的影响力最大化，吸引更多的粉丝和消费者。这个阶段是 IP 尝试商业化的阶段，具有可转化性，会用跨界元素解构生成新内容，这可能包括衍生品开发（如玩具、服装、文具等）、主题公园建设、线上互动体验等。

5. 成熟阶段：在这个阶段，IP 已经成为一个具有广泛影响力的品牌。它可能已经有了自己的粉丝文化、社区和商业模式。在这个阶段，创作者或团队需要继续维护 IP 的品牌形象，同时寻找新的创新点，以保持其持续吸引力。这个阶段 IP 的商业转化机会并不多，但也开始有商业机会出现。

6. 扩张阶段或衰退阶段：所有 IP 都会经历这个阶段，它也是 IP 分流的重要阶段。随着时间的推移，一些运营得好的 IP 进入了高速扩张阶段，无论是商业化盈利速度还是粉丝的增加速度都会很快，IP 将产生巨大的商业价值。相反，IP 则可能会逐渐失去其影响力。这可能是因为市场变化、观众口味变化或其他原因。在这个阶段，大量的粉丝作为新的创作者或团队参与内容的创新，以保持 IP 的活力。

以上是一个基本的生命周期模型，不同的 IP 可能会有不同的生命周期路径。同时，生命周期的各个阶段也可能会有重叠或交叉。

第三节　IP 视觉创意要感性也要理性

我们看到许多的国外 IP 能够在中国市场赚得盆满钵满，就是因为在国内有很多这些 IP 的粉丝，用喜欢甚至热爱支撑着粉丝的消费行为。如迪士尼乐园，人们去迪士尼乐园是因为更喜欢乐园里的白雪公主、米奇等 IP，还大量地购买这些 IP 的周边产品，而不只是喜欢里面的游乐设施。所以在打造 IP 的过程中，我们团队常常争论 IP 视觉的创意到底是感性的还是理性的。

IP 视觉符号的设计与传统 VI 设计模式相似，可分为基础和推广两大部分。

基础部分包括：

1. 创意释义。通过图文阐释形象符号创意来源，通常会有十几页以内的图文解说，这部分就是创意的出发点。

2. 标准形象。包括线廓、二维、三维、单色、全彩等模式，色值、名称、字体以及系列化的表情动作等视觉元素，因为未来 IP 是要以标志符号的形式不断出现在媒体上的，特别是平面媒体，所以对角色的标准姿态设计就要特别讲究，每个细小姿势和服饰、表情都具有象征性，这也正是优质的 IP 能够以符号打动受众的主要原因。

3. 三维视图。传统的三维规划图有三视图（平、侧、顶视图）

与六视图（即加上下仰视、斜向等视点），随着3Ds Max、ZBrush、SketchUp、AutoCAD、Blender等软件的普及，三维建模更加具体与清晰。

IP角色的设计过程中，有大量的工作分工，如手绘草图创意、使用粘黏土做雕塑，以及3D扫描建模并在表面进行肌理贴图和彩色渲染等。

设计从来没有标准，每个人对感性和理性的理解和定义都有所不同。

我们团队的共识是：视觉设计要同时具有艺术性与科学性，理性设计和感性设计各有所长，没有优劣之分。理性是推动设计稳健生长的根本，算是基本属性；感性设计能够快速高效地提升体验，算是特殊技能。

所以IP的打造是一个感性与理性相结合的过程，需要感性的文创能力、综合的营销知识以及理性的数据分析能力（如图3-10所示）。

图3-10　IP打造所需的三种能力

大部分人的认知里，从创意到设计只是一个执行层面的过程，设计只是一种工具。事实上视觉设计是生活艺术化的体现，是以最简单明了的方式把人类内心深处最真的情感诉求用图形或画面呈现或表达出来。视觉工具由图形、比例、色彩、文字等元素组成，这些元素具有一定的内涵、象征性和诗意。这些元素组合在一起，可以传递功能信息也可以传递情感信息，从而获得用户的青睐与拥戴。

感性是对外界刺激所产生的一种生理和心理的反应，是从受众的精神层面和情感角度出发，强调人们在接触和使用产品的过程中，其内心产生的共鸣和感情上受到的影响。感性的设计上升到了人文精神关怀的层面，是能够调用并且激发使用者情绪的。比如有些IP自带英雄气概，有些IP主打心灵陪伴。

某一个层面上，感性既是理性发展最开始的那个雏形，同时又作用于理性，成为位于理性之上的延伸。在理性的基础下谈感性，立足于使用者角度，做的是人性化的设计。任何设计，都无法脱离我们的生活。理性，是投入设计行业的每一个人的基本共有理念，而感性，是对世界的认知与他人不同的那个部分。独特，会成为经典，而关怀，才是永恒。

从设计师的角度来说，当然是感性设计为主，这是设计师的天性使然，但是从IP打造的角度出发，理性设计是有合理的原因、逻辑性、条理性和目的性地去进行和完成设计，是以更有效率的风格来体现的，要用更少的材料、更低的成本、更简单的工艺，来实现设计活动。产品设计的理性是简洁的，是可持续的，它浓缩了产品所必须具备的因素，剔除了不必要的东西。"大道至简，平淡为归"是理性设计的最好诠释。

经典的视觉表现，不单单是把图画好，还需要设计团队具备综合全面的素养，需要有同理心、审美、情感等感性因素，也需要具备对目标受众敏锐的洞察力、系统的逻辑思维能力，以及模型分析、研究方法等非常理性的专业能力。理性的科学数据是不能取代艺术性的，二者需要完美结合，互为支持方能成就超级IP。

一个好的作品需要有文化的沉淀。没有文化沉淀的作品可能会一时受宠，但它终会淹没在历史的洪流之中，因为它缺乏内涵的依托，难以将设计中的理性与感性、形式与功能的"触角"，深深扎根于人们生活的每一个角落。

既强调产品的实用功能，又注意设计中的人文因素，避免过于刻板和冷硬的几何形式，才能产生一种富于人情味的现代美学。

在产品设计中，理性和感性都是一种设计手段，这两种设计手段既相互制衡又相互协调，产品设计是理性与感性的有机统一。

单一的理性美，不足以温暖人的心灵，触动人的情怀，不能带来更持久的文化或精神上的冲击；而单一的感性美，也总是欠缺那一点点周全的思考，给人带来微弱的不便或是打破他们心中向往的绿色设计法则。

设计具有功能美与形式美的双重属性，而理性与感性，正是产品设计中形式与功能的精髓。正确认识设计中的理性和感性，才能协调两者的关系，更好地完善和提升设计的整体价值。将理性之美与感性之美一起糅合到设计中去，这两者的完美结合，必将是未来产品设计发展的大势所趋。

设计是为了满足人们物质与情感的双重需要，后期在商业表现上要兼顾人、机、环境的高度协调。理性的数据支持会让我们少走很多弯路。在系统思维的指导下展开的IP打造，是与标志、字体、空间等设计要素相互配合的，是具有生命的、鲜活的标志设计，它拉近了与目标受众的距离。而与标志设计呈现出的文字化、简洁化、扁平化趋势相对的，是它的活泼可变、充满叙事可能性。它的符号职能包括了向社会推介主体专业信息，但相对抽象的标志符号传递的信息是很有限的，需要有一个角色来担任亲和的代言人与推销员，或作为专业信息的讲解员，或作为演员扮演某种职业角色，它可以直观地唤起人们情感上的共鸣。

IP视觉创意过程中要做到两点就是，头脑风暴时是感性的，最后决策定稿时一定是理性的。

第四节　IP 的优质视觉符号形式是动漫

视觉符号是 IP 开发中非常重要的元素，动漫作为 IP 视觉符号的主要选择，具有多方面的显著优势和巨大潜力。当然，不同的 IP 可能需要不同类型的视觉符号来传达其独特性和价值，但动漫无疑是其中一种非常有效的方式，我们看到的 IP 视觉符号大多数是以动漫形式出现的。

用动漫形象作为 IP 的独特视觉和听觉表现形式，具有多种优点（如图 3-11 所示）。

01 视觉吸引力
02 情感连接
03 高效营销
04 跨文化适应性
05 创新性
06 跨年龄层
07 易于传播
08 先进技术支持
09 用户黏性高

图 3-11　动漫形象作为 IP 的优点

1. 视觉吸引力：动漫形象通常色彩鲜艳，设计独特，具有很强的视觉吸引力。这种视觉吸引力可以帮助 IP 在竞争激烈的市场中脱颖而出，吸引消费者的注意，更容易被大众接受和记住。

2. 情感连接：动漫形象通常具有人格化的特点，可以传达出强烈的情感和价值观。这种情感连接可以帮助品牌或产品建立与消费者的深厚关系，增强消费者对品牌或产品的忠诚度和认同感。

3. 高效营销：动漫形象通常具有较高的识别度和记忆度，这使得它们能够轻松地在各种媒体和平台上传播。这种传播力可以帮助品牌或产品降低营销成本，易于授权和衍生品开发。动漫IP通常具有较高的商业价值，因为它们可以很容易地授权给其他公司或品牌，用于开发各种衍生品，如玩具、服装、游戏等。这些衍生品不仅可以增加IP的收入来源，还可以进一步扩大IP的影响力。

4. 跨文化适应性：动漫形象通常具有国际化的特点，可以适应不同文化和背景的消费者。这使得它们能够在全球范围内进行推广和传播，帮助品牌或产品拓展国际市场。

5. 创新性：动漫作为一种艺术形式，拥有几乎无限的创新空间。创作者们可以尽情发挥他们的想象力，创造出独一无二的角色设计、扣人心弦的故事情节、丰富多彩的世界观。这种无限的创意空间使得动漫IP在视觉上极具独特性，能够轻易吸引并留住观众的目光。此外，动漫形象的设计具有的创新性和前瞻性，能够引领潮流和趋势。这种创新性可以帮助品牌或产品保持竞争优势，吸引年轻和具有创新精神的消费者。

6. 跨年龄层：动漫的受众群体非常广泛，从儿童到成年人都有。这种广泛的受众基础使得动漫成为一种非常有效的视觉符号，可以吸引不同年龄段的人群，从而扩大IP的影响力。

7. 易于传播：动漫通常以图像和声音组合的形式呈现，这使得它们在互联网和社交媒体等平台更容易传播。通过分享、转发和讨论，动漫IP的视觉符号可以迅速传播到全球各地，提高IP的知名度和影响力。

8. 先进技术支持：随着科技的飞速发展，动漫制作技术也在不断进步。现在的动漫制作软件和技术，如3D建模、动作捕捉、AI辅助等，为创作者们提供了强大的工具，使得他们能够更加高效、精细地制作出高质量的动漫作品。这种技术支持确保了动漫IP视觉符号的质量和精细度，为观众带来了更加沉浸的视觉体验。

9. 用户黏性高：动漫作品往往能够通过其丰富的情感表达、深入人心的故事情节等，与观众产生强烈的情感共鸣。这种情感共鸣使得观众对动漫IP产生了极高的忠诚度和黏性，他们愿意为喜爱的IP投入大量的时间和精力，甚至成为粉丝文化的一部分。这种用户黏性为IP的长期发展和商业价值的提升提供了坚实的基础。

从2018年开始，IP就逐步成为全民话题。城市与企业都纷纷布局IP赛道，这几年至少有超过100个城市和企业都推出了数字代言人或是IP。

企业或组织IP方面，有世界知名的跨国连锁餐厅打造的虚拟版"桑德斯上校"、高校学霸"华智冰"、连锁品牌的"屈晨曦"、欧××的"M姐"、知名报社的数字航天员小铮、某卫视的小漾和橙双双、电商平台推出的AYAYI，以及从冰墩墩到卡塔尔世界杯"饺子皮"（拉伊卜），动漫IP似乎成为近几年来最受追捧的营销工具。

城市IP方面，有四川自贡的恐龙骑士IP，四川德阳的三星堆IP，青岛的动车侠IP（如图3-12所示）。

随着动漫产业的不断发展和创新，我们有理由相信，未来会有更多优秀的动漫IP视觉符号崭露头角，为我们的生活带来更多的色彩和乐趣。同时，随着科技的不断进步和市场的不断变化，动漫在IP视觉符号中的地位和作用将更加突出和重要，成为推动文化产业创新发展的重要力量。

图 3-12　《时空龙骑士》《三星堆·荣耀觉醒》《动车侠》海报

第五节　超级 IP 区域爆款理论

在打造超级 IP 的工作中，我们团队发现国外的一些城市超级 IP 的打造经验并不适用于国内，他们通常的手法是围绕 IP 开发出一系列产品和带有 IP 标识的服务，打通 IP 产业链的上下游，形成 IP 的全线产品。比如围绕 IP 形象所开发出的影视、动漫、图书、游戏等衍生品，以及上下游的文创旅游、工艺制品、主题美食等。

我们认为，中华文化浸润下的超级 IP 操作模式需要独具中国自己的特色，所以我们团队也提出了自己的理论，打造超级 IP 的"区域爆款理论"：一个优质 IP 需要一个跨界的实体项目来支撑，用这个项目在当地的城市形成影响力。

这一理论在我们后来的工作中得到了很好的验证。

在四川省眉山市东坡区城市超级 IP《少年苏东坡传奇》的打造中，基于眉山市"东坡故里"的称号，以及当地丰富的东坡文化积淀，该城市推出了同名动画片《少年苏东坡传奇》（如图 3-13 所示），通过动漫这一极具跨界属性的领域，打开了通往超级 IP 的广阔道路。

随着《少年苏东坡传奇》的持续走红，这一 IP 正在不断助力眉山市文旅经济的多元化发展，《少年苏东坡传奇》超级 IP 的产业授权帮助当地特色产品更好地走向全国，围绕苏东坡 IP 打造的东坡水乡乐园，也成为当地令人瞩目的亲子游乐打卡地。

图 3-13 《少年苏东坡传奇》海报

由于是从城市提炼的文化精华，所以城市 IP 最初就已经具有了一定数量的粉丝，城市本身就初具或已形成该 IP 产业的基础。城市超级 IP 以城市特色为基础而打造、运营，待超级 IP 成熟后又可通过 IP 影响力迅速反哺城市的文化旅游经济等城市特色产业。

IP 导入城市美陈、IP 导入景区、打造 IP 主题小镇、打造 IP 主题乐园、IP 元素导入城市当地重要旅游景区，通过 IP 的全方位植入，能打造景区沉浸式体验，丰富旅游产品，加深游客印象。

除了让超级 IP 视觉形象未播先火之外，利用老街或老厂区活化打造以城市超级 IP 为主题的商业业态，超级 IP 网红街或景区也是一种非常好的创新模式。

以城市超级IP为内容，构建各种产业，并整合到一条网红街中，形成当地旅游爆款，能为传统街区注入新的生命力，令传统街区活化成宜工、宜商、宜游、宜居的地标性新商圈或新景区。

超级IP的运营涉及全产业链的运营模式，而其中下游产业链是变现能力最强的增值环节，尤其是周边衍生消费品往往能创造比上、中游内容本身大得多的利润。下游产业链包括主题娱乐业、周边衍生消费品产业、广告和会展等产业，所以超级IP能否在城市中落地，运营相关的动漫主题乐园、动漫主题街、主题餐厅、动漫文创店等，是关系到缥缈抽象的文化能否转变成实际文化消费的至关重要的一环。

下面是从IP进化为超级IP的七种模式，供大家参考。

1. 收购知名IP，进行二次创作（常用方式是影视作品），加强媒介发行，优化主题乐园体验，发售周边产品。这种模式的典型代表是迪士尼。

2. 定制行业IP，依靠强大的内容为特定行业量身定做的IP，有鲜明的产业特性，并非纯内容IP。这种模式的典型代表就是奥飞动漫。

3. 品牌自主IP，辅助品牌和产品的发展，也做一些行业的延伸。三只松鼠就是典型的代表。

4. 设计师IP，由设计师创作的视觉形象，直接应用于各种产品中，以授权的形式服务产品。这种模式典型的代表是Hello Kitty。

5. 吉祥物模式，设计一个吉祥物，代表某个文旅项目，同时推出关联产品。这种模式的典型代表是冰墩墩。

6. 平台模式，自己并没有一个很强的IP形象，只是把自己的产品当作平台或媒介不断与各大IP合作出联名产品。这种模式有很多的企业在尝试。

7. 产品模式，这种模式非常有意思，自己没有强IP，却能将丰富的文化、历史典故等物化成IP的衍生品。这种模式的典型代表就是故宫。

第四章 超级 IP 赋能方法

我们不难发现，品牌的争夺更多集中在超级 IP 上，这并非因为超级 IP 具备更好的品质和技术壁垒，而是在信息渠道多样化的时代，超级 IP 能够获取更多的信任资源，并进而成为流量入口。无论是品牌企业自创 IP 还是选择匹配的超级 IP，都一定要明白，IP 对品牌是赋能而不是替代。

第一节　IP 是高质量的营销工具

我们进入了以用户为中心的 IP 娱乐时代，线上线下场景的融合、用户的情感感受、品牌与用户的互动体验、科技助推的各种营销创新，让我们眼花缭乱，目不暇接。伴随着数字化熔炼和自媒体的崛起，数字原住民成为主流娱乐用户，沿用传统模式打造品牌的难度越来越大。

品牌源于产品，IP 源于内容。IP 的内涵比品牌更宽泛，在产品同质化现象日益严重的背景下，借势 IP 已经成为品牌提高产品创新能力，打出"情感牌"并进行差异化竞争的最佳营销手段。

超级 IP 的加持让品牌能形成独特的内容，在营销上自带话题势能，能够自发传播形成口碑连接用户，让小基数的核心用户群体带动大体量的泛用户群体，通过 IP 人格化的内容演绎，助力品牌进入到消费者或用户的生活方式中，实现高质量的商业转化。

许多借力超级 IP，成功复活品牌的案例，也增加了无数品牌方的信心。

IP 营销是指利用知识产权（如文学、影视、动漫、游戏等）的影响力和粉丝基础，来推广产品或服务的一种营销策略。

从某种意义上来说 IP 可以视为一种营销工具，而且是高效的营销工具。通过线上线下的融合，以及内容与营销的融合，IP 的营销模式涵盖了品牌的核心痛点，IP 不仅可以帮助品牌提升销量、美誉度和知名度，还可以帮助品牌企业与用户产生关联和互动，抓住核心圈层的消费人群或帮助品牌突破圈层。

IP 营销有两种类型：

一是权利人用各种方式或各种媒介来推广创作出来的作品，让人们认识并熟悉，力图将之打造成知名 IP，从而获取商业利益。这种方法常见于一些新推出的 IP，以各种设计为主要推广形式。

二是将 IP 当作营销资源或工具，服务于第三方产品。这在现代商业中是越来越受欢迎的营销策略。通过有效地利用 IP，企业可以增强其品牌形象，提高市场认知度，以及增加产品或服务的吸引力。这种方法在快消品市场很常见，作为商品推广的辅助元素，IP 在某有种程度上有取代流量明星的作用。

IP 作为品牌内容资源的主要优势有以下几点（如图 4-1 所示）。

独特性与个性化　01
增强品牌认知度　02
创造情感链接　03
跨平台推广　04

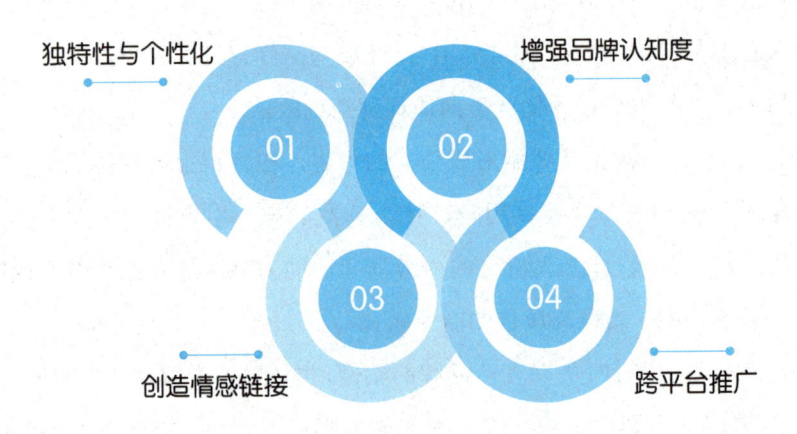

图 4-1　IP 作为品牌内容资源的主要优势

1. 独特性与个性化。每个 IP 都有其独特的形象和故事，与品牌结合形成自己的个性和特色。这种独特性和个性化，可以增强品牌在市场的核心竞争力，帮助品牌在消费者心中留下深刻印象，使品牌在同类竞品中脱颖而出。

2. 增强品牌认知度。通过 IP，品牌可以创建一种易于识别和记忆的视觉形象，从而提高品牌的认知度。这种认知度不仅可以提高品牌的知名度，还可以增强消费者对品牌的信任感。

3. 创造情感连接。IP 通常与特定的情感和价值观相关联，这使得品牌可以与消费者建立更深层次的情感连接。这种情感连接可以增强消费者对品牌的忠诚度，提高品牌的口碑。

4. 跨平台推广。IP 可以在多个平台上进行推广，如社交媒体、电视、电影、游戏等。这种跨平台推广可以扩大品牌的影响力，吸引更多的潜在消费者。

例如，三只松鼠 IP 与三只松鼠品牌的结合就很完美，松鼠爱吃坚果，松鼠与坚果的故事很容易让用户产生特别的情感共鸣。

三只松鼠这个 IP 具有人格化和内容能力，这种萌宠类的视觉符号很能收获女生的芳心，因此自带营销势能，有相当强的连接用户的能力，也有制造话题的能力，在一定程度上获取用户信任的成本相对传统营销的模式会比较低，商业变现的能力就强。

然而，需要注意的是，打造一个成功的 IP 需要投入大量的资源和精力以及时间成本，品牌需要仔细考虑其长期价值和战略意义。

如果将 IP 作为营销资源或工具可以从以下几个方面来考虑（如图 4-2 所示）。

1. 品牌建设：利用独特的 IP 来构建品牌形象，使其更具识别性和吸引力。通过创建独特的标志、吉祥物、故事或角色，这可以实现品牌资产的丰富与增值。

图 4-2 IP 作为营销资源的用途

2. 增强用户忠诚度：通过创建与消费者有情感联系的 IP，可以增强用户的忠诚度。当消费者对一个特定的 IP 产生好感时，他们才有可能购买与该 IP 相关的产品或服务，事实上目标消费者并非真正的用户，真正的用户应该是那些已经购买的消费者，从目标消费者到用户，有一个角色的转换过程，二者并不能混为一谈。

3. 跨界合作：与其他品牌或行业进行跨界合作，共同开发新的产品或服务。这可以扩大 IP 的影响力，吸引更多的潜在消费者，并为企业创造更多商业机会。

4. 商业授权：将 IP 授权给其他企业或个人使用，以获取额外的收入来源。这种方式可以扩大 IP 的影响力，同时降低企业的运营成本。

5. 内容营销：利用媒体平台与消费者进行互动和沟通。通过发布有趣、有吸引力的内容，吸引更多关注者，提高品牌知名度。

6. 增加产品宽度：根据 IP 的特点和市场需求，开发与主产品相关的衍生品，如服装、箱包、配饰等。这不仅可以增加收入来源，还可以进一步巩固消费者对 IP 的认知和喜爱。

总之，将 IP 作为营销资源或工具，可以为企业带来诸多好处。然而，要想成功实施这一策略，企业需要深入了解目标市场的需求和消费者心理，同时不断创新和改进营销策略，以确保 IP 能够持续吸引和留住消费者。

IP 营销在某种程度上颠覆了我们传统营销的认知（如图 4-3 所示）。

1	2	3	4	5
品牌建设的重点	营销方式的创新	用户参与度提升	营销效果持续性	跨界合作机会

图 4-3　IP 作为营销工具的用途

1. 品牌建设的重点：传统的品牌建设可能更侧重于产品的功能、质量等方面，而 IP 营销则更注重与消费者的情感连接。通过与消费者建立情感联系，IP 营销能够使品牌更加深入人心，提高用户忠诚度。

2. 营销方式的创新：IP 营销通常会将产品或服务与某个具体的 IP 进行绑定，从而创造出独特的营销方式。这种创新的营销方式能够吸引消费者的注意力，提高营销效果。

移动互联时代，新的传播方式层出不穷，IP 的连接机会也因此变得更加多样化。很多明星一年没作品就该被忘掉了，有些明星已经很多年没有出作品了，谁又能说忘掉他了？因为他可能一直存在于我们的微信表情包里。从角色 IP 延伸为表情 IP，与粉丝之间创造出新的连接方式，以保持足够多的连接机会，也不失为一种高明的标签化手段。

二十四节气是我们所熟知中华传统文化，很多人从小就会背诵"春雨惊春清谷天，夏满芒夏暑相连，秋处露秋寒霜降，冬雪雪冬小大寒"。如今，节气也可能化身为二十四只可爱的精灵，有的呆萌有趣，有的憨态可掬，还有的坚毅勇敢，不同的精灵有不同的标志性动作，让原本虚拟的文化瞬间化身为"陪伴使者"，还可以将它们做成各种表情包，配上段子、"鸡汤"、网络热梗等，更加鲜活的 IP 跃然指尖，更快速地在社交网络中裂变传播（如图 4-4 所示）。

图 4-4　节气小精灵 IP 表情包

不只是节气小精灵，还有"布朗熊""莎莉鸡""可妮兔""笨笨鼠"等形象，也都是以表情包的形式存在而让大众知晓的。

3. 用户参与度提升：IP 营销往往能够激发消费者的参与热情。消费者可以通过与 IP 的互动、分享等方式，更深入地了解产品或服务，从而提高消费者的参与度和黏性。

4. 营销效果可持续性：IP 营销通常具有较长的生命周期，因为 IP 本身具有持续的影响力和粉丝基础。这意味着 IP 营销的效果可能更加持久，能够为品牌带来长期收益。

5. 跨界合作机会：IP营销通常涉及多个领域的跨界合作，如文学、影视、动漫、游戏等。这种跨界合作能够为品牌带来更多的曝光机会，同时也能够拓宽品牌的受众群体。

总之，IP营销通过知识产权的影响力和粉丝基础，能够颠覆传统的营销认知，为品牌带来更多的机会和挑战。然而，要想成功实施IP营销，需要深入理解目标受众的需求和喜好，同时选择合适的IP进行合作，确保营销活动的有效性和可持续性。

第二节　IP 的营销逻辑与运营生态

近年来，一些优质的 IP 成为企业争夺的重点资源，一件普通的商品和自带流量的超级 IP 结合后，就可能创造出巨大的产业利益，一些优质的超级 IP 衍生产品同样具备巨大商业价值，超级 IP 源源不断的内容成为优质资源后，能持续不断地为品牌提供附加价值。

在移动互联时代，来自用户的体验分享和客观评价反而有助于独立品牌的口碑崛起，最明显的例子是：在大众点评上，独立品牌的排名往往高于连锁品牌。在 IP 的流量转化逻辑里，信任感是重要的催化剂。新信任体系的形成，促使品牌快速完成粉丝积累的过程，获取更多的差异化标签，也将改变传统的商业视角。

因为 IP 的参与，消费者消费的不再是产品，而是话语权，这是一种情绪价值；用户不仅是用户，而是合作伙伴，这是一种有参与性的内容价值。双方的关系链条由此变得坚固起来。以此为基础，品牌可以重新设计商品、品牌、顾客之间的连接关系，IP、品牌与消费者的身份互融形成闭环，最大程度提升势能。

超级 IP 的特性通常可以宽泛地涉及多个领域和行业，为品牌提供跨界合作的机会。通过与超级 IP 的合作，品牌可以跨越不同的行业和领域，与其他品牌或机构建立合作关系，实现资源共享和互利共赢。这种跨界合作有助于提升品牌的综合竞争力和影响力，获取新盈利点。

一、超级 IP 的营销逻辑

一张图看懂超级 IP 的营销逻辑（如图 4-5 所示）。

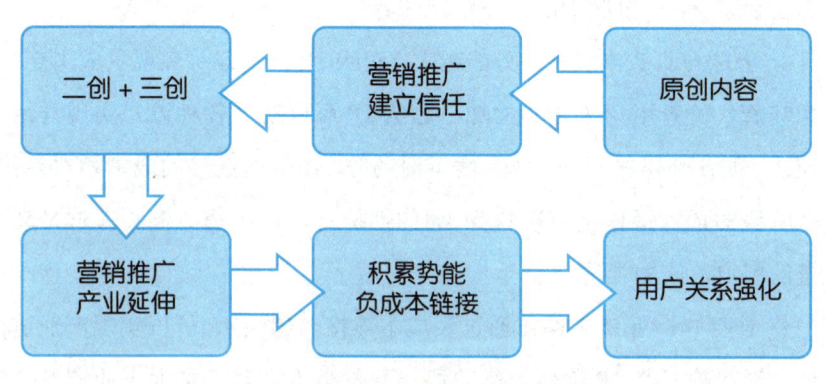

图 4-5　超级 IP 营销逻辑

超级 IP 的营销逻辑是一个综合性的过程，涉及内容创作、信任建立、势能积累、负成本连接、产业链延伸以及用户关系强化等多个方面。这个过程需要企业具备创新思维和市场洞察力，以实现超级 IP 的商业价值，超级 IP 的营销逻辑主要基于其超高知名度和影响力。

以下是超级 IP 的营销商业逻辑的几个关键点与操作重点。

1. 内容与信任建立：超级 IP 首先通过优质的内容吸引和建立用户的信任。这种信任是基于内容的独特性和吸引力的，使得用户愿意与之建立长期的关系。在这个环节，IP 通过内容不断积累势能，影响消费者，这个阶段的操作重点是创造更多的内容让 IP 与品牌互融。

2. 信任与势能积累：一旦建立了信任，超级 IP 就能积累势能。这种势能可以理解为品牌影响力和用户忠诚度，使得超级 IP 在市场中具有更大的竞争优势。在这个环节里，各种营销活动层出不穷，各种创新内容不断推出，这个阶段也是营销资源最丰富或者营销内容最活跃的阶段。同样，这个阶段的IP是内容也是资源，容易创造更多更大的商业机会。这个阶段的操作重点是制造营销爆点，吸引更多关注，获得话语权。这个阶段的挑战，不只是面对突如其来的众多资源如何运用，更是如何发现和整合新资源，如新的合作模式与机会。

3. 势能与负成本连接：势能越大，超级IP就越容易实现负成本连接。这意味着，随着用户数量的增加，超级IP可以通过各种方式实现与用户的连接，如社交媒体互动、线上线下活动等，而这些连接的成本相对较低。这个阶段的重点操作是精准找到IP的拥护者，以小基数核心人群带动大体量的用户，比如社群。

4. 连接与产业链延伸：通过负成本连接，超级IP可以实现产业链的延伸。这个阶段是IP价值升维阶段，开发衍生品对于扩大企业利润来源是非常有效的，也可以授权给其他企业使用IP形象、故事情节等内容，以及与其他产业进行跨界合作。

需要注意的是，企业自主IP如果想做授权，可以委托给第三方，毕竟授权是一门需要专业的项目，但没有太大知名度的话，市场推进并不容易。

如果是强IP授权，就需要与权利方沟通，看对方是否有转授权的权力。

5. 用户关系强化与流量变现：在超级IP的管理策略中，用户关系被放在首位。品牌方需要通过分配和分流这种强关系，提供用户需要的商品（内容），做好与用户的沟通和服务，这样，超级IP就能将强大的用户流量转化为商业价值。这个阶段的操作重点就是优化资源配置，管理好IP的使用范围，管理好变现入口及用户群。

从这几个关键点里我们发现，IP营销早已不是传统营销工具的概念了，各种资源在营销体系里变得尤其重要。每一个节点只要有的新的资源注入，它就能成为膨胀体。

在 IP 营销的模式里，内容的创新会重新分配资源，新的资源将催生更多新内容，产生新的话语权。

比如，IP 主题的特色酒店，谁是内容、谁是资源很难分得清楚，二者是合体的，在连接用户、打动用户的层面上，二者的协作点都是情境式的体验感。IP 的参与会让消费者体验到兴趣消费的乐趣，满足消费者个性化的精神需求，为用户带来了更多的情绪价值（如图 4-6 所示）。

图 4-6　成都笨酒店室内场景

目前市面上，IP 主题酒店的各种主题房比普通的客房单价要高，消费者大多是年轻的中高收入用户群体，这部分群体热衷于兴趣消费与满足个性化需求，特征是爱拍照，喜欢社交媒体，喜欢潮玩和陪伴型手伴。这也为酒店提升了利润空间和扩大了品牌宣传的维度。

二、IP 运营生态一体化模式

IP 运营生态一体化模式是一种综合性的商业模式，它将知识产权（IP）的创造、管理、保护和商业化等各个环节有机地结合起来，形成一个相互关联、相互促进的生态系统。这种模式的核心在于通过整合各方资源，优化资源配置，提高 IP 的价值和影响力，从而实现 IP 商业价值的最大化。

IP 运营生态一体化模式中有五大关键要素（如图 4-7 所示）。

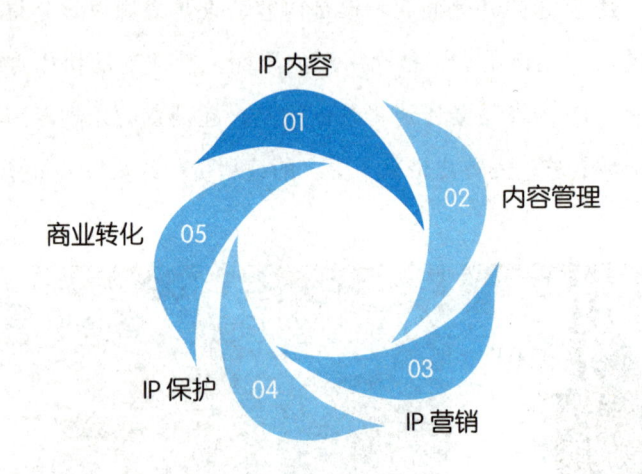

图 4-7　IP 运营一体化生态圈

1. IP 内容：这是整个生态系统的起点，包括文学、影视、动漫、游戏等多种形式的原创内容。这些作品不仅要有独特的创意和吸引力，还要符合市场需求和受众喜好。

2. 内容管理：一旦 IP 创造出来，就需要进行有效的管理。在不断创造新的应用场景之外，还包括版权登记、建立版权保护机制等。同时，还需要对 IP 资产进行科学的分类和归档，以便更好地进行后续开发和利用，这个环节的主要工作是建立 IP 资产库和不断创作丰富的 IP 内容。

3. IP 营销：营销在 IP 的整个生态系统里是非常重要的，要用多种方式，通过各种传播媒介将 IP 送到消费者面前，让消费者认识、关注、喜欢、热爱并与之互动，将 IP 植入消费者脑海。没有营销、没有传播，IP 就只是作品或静态的内容，没有机会成为 IP，更不要说成为超级 IP。

4. IP 保护：保护 IP 的权益是整个生态系统需要特别重视的任务。这包括采取法律手段维权，打击侵权行为，以及通过技术手段保护 IP 不被非法复制、传播和使用。只有确保 IP 的安全和稳定，才能为后续的商业化运作提供有力保障。

5. 商业转化：IP 运营生态一体化模式的核心目标就是商业转化。具体包括将 IP 授权给其他企业或个人进行产品开发、市场推广等，以及通过版权交易、衍生品开发等方式发挥 IP 的商业价值。同时，还可以通过线上线下的渠道进行品牌推广和市场营销，提高 IP 知名度和影响力。

通过这种模式，可以实现 IP 价值的最大化，推动文化产业繁荣和发展。

在 IP 运营生态一体化模式中，各方参与者需要紧密合作，共同推动 IP 的价值提升和商业化运作。这需要原创作者、版权所有者、授权方、产品开发方、市场推广方等各个参与者的协同配合。

总的来说，IP 运营生态一体化模式是一种创新的商业模式，它通过整合各方资源和优化资源配置，提高了 IP 的价值和影响力，为文化产业的可持续发展注入了新的活力。

商业的未来是 IP 化生存，每个行业都可以进行 IP 连接，借势营销实现 IP 与品牌方、运营方的多赢。

第三节　IP 赋能品牌的操作重点

我从事传统品牌营销几十年，一直感叹：传统企业受困于固定的品牌基因，品牌的老化就是一种宿命。

如果有超级 IP 的助力，无论是品牌资产提升、产品创新升级都有了新的契机．

超级 IP 通常拥有丰富的故事情节、独特的角色形象以及创新的世界观设定，能为品牌提供源源不断的营销内容。通过与超级 IP 合作，品牌将 IP 元素与产品结合，能够开发出更具创意和吸引力的产品和服务，从而吸引更多年轻消费者的关注和喜爱，超级 IP 的社交营销体验和新表达形式也为品牌注入了新的活力和多种可能性。

简单地说，超级 IP 擅长用独特的内容与方式，演绎符号背后的信任与温度，与 Z 世代沟通并引起共鸣，从产品特色化、渠道生动化、品牌年轻化等多个维度来赋能，为品牌的发展注入新动力（如图 4-8 所示）。

图 4-8　IP 赋能的五个维度

一、丰富品牌资产

IP 对于品牌资产的建设和维护具有特殊的能力，能够在一定程度上帮助品牌解决品牌资产荒的问题。

品牌资产荒指的是品牌在市场上的影响力和认知度不足，难以形成稳定的品牌形象和品牌价值。通过打造和运营 IP 或借助知名 IP 的加持，品牌可以丰富自己的各种品牌内容，有效地提升自身的知名度和影响力，从而解决品牌资产荒的问题。

通过 IP 可以增加品牌建立的独特形象的机会，增强认知度和影响力，创造品牌价值，从而解决品牌资产荒的问题。

具体来说，IP 可以通过以下几个方面帮助品牌解决资产荒（如图 4-9 所示）。

图 4-9　IP 帮助品牌解决资产荒

（一）实现品牌差异化

超级 IP 有着丰富的内容，并具有独特的形象和特点。这种独特的形象可以让消费者更容易记住，并在心中形成深刻的印象。IP 丰富的内容助力品牌，可以让品牌有更多连接消费者的话题，帮助品牌建立独特的文化，在市场中形成独特的形象和认知。当消费者对一个 IP 产生好感时，他们会更容易接受和认可与该 IP 相关的品牌信息。用户通常不愿意记住冷冰冰的品牌名和商标，但很愿意认识一只萌萌的有温度的小宠物，如果这个小宠物还很有趣或者有很温暖的故事，那就会拥有更多的用户。用户可能记不住你的商标，但他一定认识你的 IP 符号，只因为他喜欢。

（二）提升品牌的知名度

超级 IP 的影响力可以帮助品牌提高知名度。超级 IP 往往能够触动人们的情感，激发共鸣。品牌与超级 IP 的合作可以让消费者更加深入地了解品牌背后的故事和理念，增强对品牌的情感认同和忠诚度。这种情感共鸣有助于品牌在竞争激烈的市场中脱颖而出，这也是一些品牌常用的手法。零售品牌名创优品就善于借用 IP 影响力快速崛起，把 IP 的知名度与名创优品融合，将提升品牌知名度的手法玩到极致。在名创优品的店里，满目都是各种 IP 和联名款的产品。

（三）扩大品牌的影响力

超级 IP 具有庞大的粉丝基础和广泛的影响力，与品牌合作可以帮助品牌迅速扩大受众群体，品牌可以在多个领域和平台上进行推广和营销，可以吸引更多潜在消费者的关注，提高市场份额和竞争力。

企业品牌可以通过与超级 IP 的合作，借助 IP 的力量扩大品牌的影响力。这种影响力的扩大可以帮助品牌吸引更多的客户和合作伙伴，进一步提高品牌的市场地位。品牌为了提升自身影响力而借用超级 IP 的影响力出一些联名款，将 IP 影响力巧妙移植到产品中，有机会成功打破次元壁实现强关联，以获取更多的用户。

（四）创造品牌新价值

品牌价值是企业的重要资产，也是参与市场竞争的核心动力，IP 可以成为品牌的核心资产，具有长期可持续的价值，在不断运营 IP 的过程中，品牌亦同步积累品牌新资产，形成品牌新形象和新价值。IP 形象往往具有情感化的特点，能够与消费者建立深厚的情感联系。消费者可能会将 IP 形象视为自己的朋友、伙伴或代表，从而与品牌建立更加紧密的联系。这种情感连接能够增加消费者对品牌的忠诚度和购买意愿。

超级 IP 通常代表着高品质、创新精神和文化内涵，与品牌合作可以为品牌带来正面的形象和声誉，提高品牌的市场地位和竞争力，超级 IP 的新场景，能创造精准连接，成为深耕用户的新入口。

二、赋能品牌年轻化

以前很多企业都热衷于推出基础款或经典款，现在却发现这种品类越来越难做，为什么呢？原因很简单，在这个用户注重个性化消费的时代，缺少独特性就缺少连接能力，不具备销售的势能。

因为没有流量，因为不是刚需，因为不是高频，因为价格，因为无法营造势能，所以很难实现高销量。创新的产品、更年轻化的品牌内容带动增长，已经成为这个时代的一种不可逆的趋势。

换句话说，品牌老化或没落就是缺少新的内容与新的主力消费人群，试想一下哪个年轻人愿意重复父辈们习惯的购买方式和喜爱的品牌或产品？反而更多的是父辈们开始学习年轻人的购买方式和接受年轻人的生活方式了，年轻的主流消费人群已经从"大众趋同"转化为"小众自我"，这就是现在年轻人的消费文化。这是现代商业不可逆的发展趋势！

伴随中国的80后一起成长的"糖果大王"徐福记，其最牢固的品牌标签恐怕就是"年货"，徐福记俨然已经成为中国春节"年味"的一部分。这个标签的好处是让品牌认知度高，坏处是不到节日就想不起来。随着消费升级和社会文化的改变，年轻人的节庆伴手礼有更多新奇有趣的选择，情人节礼品被更实用的香水或其他特色礼品代替。所以徐福记的糖开始被年轻人认为是"不够时尚""土味"的产品。在消费者的选择里排名越来越靠后，徐福记的甜蜜生意越来越难做了，就算请了流量明星做品牌代言也没能掀起多大的水花。

三、连接更广泛的消费群体

喜欢IP的消费人群非常多样化，他们可能来自不同的年龄层，有不同的职业和社会背景，但共同点是他们都对某个具体的IP（知识产权）有着深厚的情感和兴趣。

喜欢IP的消费人群有以下几种类型（如图4-10所示）。

图 4–10　喜欢 IP 的消费人群的四种类型

（一）粉丝和狂热者

这是最直接的 IP 爱好者群体。他们可能是某个电影、电视剧、动漫、游戏、书籍或音乐作品的粉丝，对相关的角色、故事和世界观有着深入的了解和热爱。他们会在社交媒体上分享自己的喜爱和热情，会购买相关的周边产品，甚至会参加相关的线下活动。

（二）收藏家和爱好者

这些人可能对某个特定的 IP 有着深厚的兴趣和热爱，他们会收集相关的周边产品，如玩具、模型、服装、艺术品等。他们可能也会关注与该 IP 相关的新闻和动态，并在社交媒体上分享自己的收藏和心得。

（三）年轻消费者

年轻人通常更容易接受新的文化和娱乐形式，也更愿意为兴趣买单。他们可能会因为喜欢某个 IP 而购买相关的产品，如服装、配饰、文具等。同时，他们也是社交媒体上的主要用户群体，会通过分享和互动来表达自己的喜好和态度。

（四）跨界爱好者

这些人可能对多个领域的 IP 都感兴趣，如电影、动漫、游戏、文学等。他们会在不同的文化和娱乐形式中寻找共鸣和乐趣，也会因为喜欢某个 IP 而关注其他相关的领域和作品。

总的来说，喜欢 IP 的消费人群是求新求特色的，他们的兴趣和喜好各不相同。但无论是哪种类型的 IP 爱好者，他们都有共同的特点：对某个 IP 有着深厚的情感和兴趣，愿意为此付出时间和金钱，并通过分享和互动来表达自己的喜好和态度。

品牌借力 IP 的影响力，吸引并连接更多的用户群体，理解用户的需求和特点，以他们喜欢的形式与内容不断调整和优化产品和服务，提供符合他们需求的产品和服务，以保持品牌的竞争力，获取市场份额和竞争优势。

四、让产品特色化

IP 的加持可以创造出独特的产品形象，能够让产品特色化，形成差异化的竞争优势，并在市场上获得更高的认可度和知名度。产品特色化的重要性在于，它可以帮助企业在激烈的市场竞争中脱颖而出，吸引消费者的注意力，提升企业的竞争力。当消费者面对众多选择时，他们往往更倾向于选择那些具有独特价值的产品。因此，产品特色化对于企业的成功至关重要。

IP 可以帮助企业在产品设计和开发过程中融入独特的创意和元素。这些创意和元素可以是企业的品牌形象、标志、口号、故事情节等，也可以是与企业相关的文化、历史、传统等元素。通过将这些独特的创意和元素融入到产品中，企业可以打造出与众不同的产品形象，吸引消费者的眼球，提升产品的竞争力。

IP 元素助力品牌产品特色化的方式很灵活，我将它分为重应用与轻应用。

重应用就是应用在产品的设计里,产品的设计与 IP 元素深度契合形成独特产品,这里的设计指的是工业设计。轻应用是指应用在产品的外观设计上,更有意思的是 IP 元素如果应用在包装上都能够让品牌用较低成本来扩容产品 SKU。当然无论是重应用还是轻应用,IP 元素与品牌的匹配度都是很重要的。

五、让品牌的渠道变得更加生动

IP 形象是一个独特的、具有辨识度的视觉符号,可以是人物、动物、物品或任何其他具有象征意义的图形。它代表着品牌的价值观、故事和个性,成为品牌与消费者之间的桥梁。

独特的 IP 形象往往能够引发消费者的兴趣和讨论,成为社交媒体上的热门话题。通过让消费者参与与 IP 形象的互动,如拍照、分享、创作等,品牌能够增加与消费者的互动机会,提高品牌曝光度和口碑传播效果。

独特的 IP 形象设计风格和所传达的信息可以是可爱的、时尚的、专业的或任何其他个性的,这样可以帮助品牌在目标受众中建立特定的印象和期望。

IP 形象通过增强品牌识别度、塑造品牌形象、增强情感连接和创造话题与互动等方式,能够让渠道变得更加生动化。

一个超级 IP 的助力,不但可以让品牌充满活力,让渠道更生动,让商业空间得到延展,还可以赋予品牌商业模式的创新,带给企业更多的可能性。

第四节　超级 IP 赋能文旅产业

旅游与景区是紧密相连的。景区的主要目标群体是来旅游的人群，如果是特色景区，不但有本地游客，还会有很多的外地游客。

IP 主题景区往往具有鲜明的特色与独特的内容，以及可形成记忆的个性化符号，这些营造出的独特点，就会成为景区流量的引擎。疫情之后的各地文旅"大战"充分说明，如果景区只有硬件而缺少内容，就很难吸引消费者了。消费者已经很少会因为单纯的静态景色而出行了，他们更需要的是沉浸式的体验感（如图 4-11 所示）。

图 4-11　西游 IP 游客服务中心功能

景区承载了当地的历史人文、自然风光、地理特征，甚至是建筑风格，每个景区都有自己独特的地方，打造 IP 的目的就是把这些元素具象化、内容化、符号化，最终产品化，让人记得住，还能带得走。

带走什么？当然是景区 IP 的特有衍生品，否则就会像义乌小商品市场的公共产品一样，一个手机壳卖全国的尴尬情况。

打造 IP 主题景区涉及多个方面，包括主题选择、景区规划、内容创作、商业运营等。

1. 主题选择：确定一个具有吸引力和独特性的 IP 主题。这个主题应该与你的目标受众的兴趣和期望相符，并且具有足够的深度和广度，以便在景区内创造出丰富的体验。

2. 景区规划：根据所选主题，进行景区规划。规划应考虑到游客的路线、景点的布局、设施的配置等。同时，要确保景区的整体风格与主题相协调，营造出独特的氛围。

3. 内容创作：在景区内创造与主题相关的内容。这可以包括故事、角色、场景等。内容应该具有吸引力，能够引起游客的共鸣，并且与主题紧密相关。同时，要确保内容的质量和独特性，以提升游客的体验。

4. 互动体验：在景区中增加互动体验项目，让游客能够更深入地参与到主题中。这可以包括游戏、表演、互动装置等。通过增加互动体验，可以提升游客的参与度和满意度。比如我们为安徽枞阳浮山设计的《新西游》IP 的互动内容"上山捉妖"就非常有趣。

5. 市场营销：制订有效的市场营销策略，将 IP 主题景区推广给目标受众。这可以包括社交媒体营销、线上线下活动、合作伙伴关系等。通过有效的市场营销，可以吸引更多的游客前来参观。

6. 持续优化：在景区运营过程中，要持续关注游客的反馈和需求，对景区进行优化和改进。这可以包括改进景点设计、提升服务质量、增

打造超级 IP：创意引爆流量新势能　114

加新的互动体验等。通过持续优化，可以提升游客的满意度和忠诚度。

下面是我们为安徽枞阳浮山景区策划的超级 IP《新西游》的元素应用方案（节选，如图 4-12 到图 4-17 所示）。

图 4-12　西游小镇打造思路

图 4-13　西游小镇一期布局

115　第四章　超级 IP 赋能方法

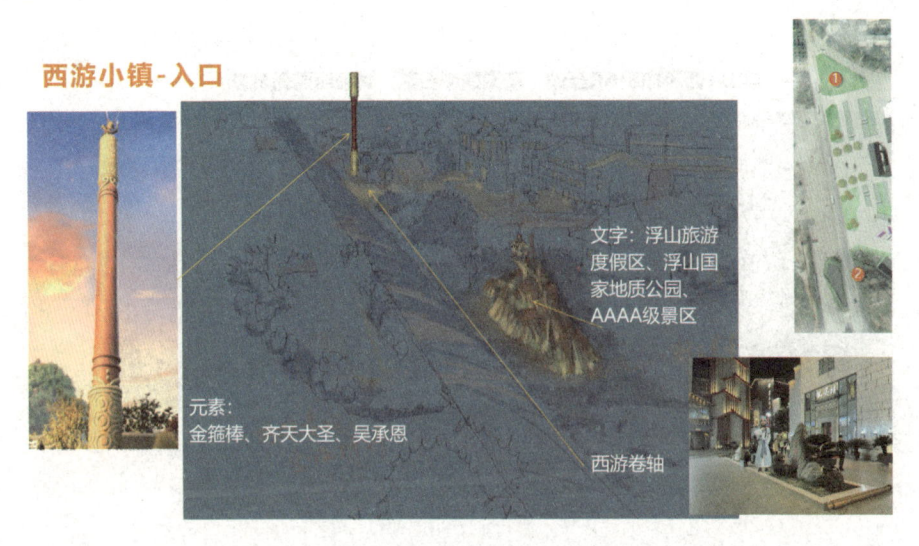

西游小镇-入口

文字：浮山旅游度假区、浮山国家地质公园、AAAA级景区

元素：
金箍棒、齐天大圣、吴承恩

西游卷轴

图 4–14　西游小镇入口场景

西游乐园-特色外景

《新西游历险记》动画场景再现
外观：再现北俱芦洲、西牛贺洲、南赡部洲、东胜神洲的经典场景，例如傲来国、高老庄、五庄观、凤凰阁等
室内：结合经典剧情进行布置

图 4–15　西游乐园特色外景

图 4-16　西游知识 AR 互动

图 4-17　西游主题新消费场景

第五章　超级 IP 的商业转化密码

一切的商业行为都是以达成交易为最终目的，没有最终的与消费者的商业交易，IP 的商业价值与文化价值就无法体现。

第一节 超级 IP 的商业转化路径

超级 IP 的商业转化是一个复杂而系统的过程，它是以用户运营为核心，经过顶层设计的、系统的、全方位的、持续裂变和运营的孵化过程。

IP 在用户心智中的感知是可以设计出来的，通过设计 IP 与目标受众之间的连接点，不断引导用户感知，不断强化 IP 定位，最终占据用户心智。有了深度参与后，消费者消费的不再是产品，而是产品话语权；用户不仅是用户，而是某种程度上的"企业合伙人"，强关系链条由此变得无比坚固。以此为基础，我们可以重新设计商品、品牌、顾客之间的连接关系。

IP 价值的形成，最重要的部分不仅在于传播广度，更在于其传播深度，需要对大范围人群有审美和文化情趣方面的持久影响（或形容为价值观念层面的影响）。有些 IP 内容并不具备这样的广度和深度，或者说体现得不够明显，虽然能做些相关的价值延伸，但是却很难进行大规模的价值扩容，也就是说不是所有的 IP 都有能力强商业化。

超级 IP 的价值是由情感价值、营销价值、影响力价值、内容价值这四个维度构成的，在这个价值链上用户关系是需要被前置的，IP 的价值往往是由视觉作品和相关内容的泛社会化传播带来的。

超级 IP 的商业化逻辑是以内容获取信任，以信任传递价值观，以价值观维系强关系，以强关系转化为流量变现；为保证流量的持续，以进化获取产业链延伸，以产业链的不断延伸催生新的优质内容，从而完成商业化的闭环（如图 5-1 所示）。

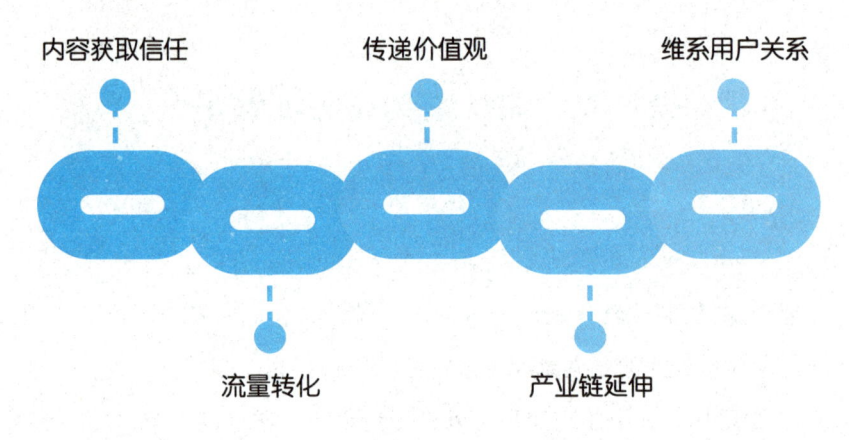

图 5-1　超级 IP 的商业化逻辑

超级 IP 的尽头一定是商业转化。对于 IP 而言，拥有流量仅仅是创造消费场景的前端，要想让 IP 的流量最终转化为消费，IP 与粉丝的场景关系就是完成交易的最短路径，通过这个路径就能找到"刚需 + 高频 + 蓝海"这种理想的商业位置，实现超级 IP 的商业转化。而商业转化的最优路径就是 IP 授权。但是，并不是所有的 IP 都能够通过授权实现商业转化。

知识产权可以是绘画、发明、科学突破、小说、表演、软件等不同形式的智力成果，它们共同的特征是制作者要投入较多时间、智力、创造力等。这些知识产权属于创造它们的某个人或某个企业，可以通过授权的方式，将使用权、复制权、发行权、展览权、表演权、放映权、广播权、信息网络传播权、摄制权、改编权、翻译权和汇编权等权利许可给他人使用，这个过程是严谨而科学的。

IP 授权有两大特别之处，一是收获 IP 授权带来的直接利益，二是可以使得 IP 形象得到直接的推广和曝光，获得更高的知名度和影响力。

从表面来看，适合开展授权的 IP 大约分为两类：一类是原创内容，另一类是原创的视觉符号。但根据我的工作经验，基于原创内容开展的授权比如小说、剧本、音乐、音频等需要二次创作的，都不是最终的高价值的商业转化，几乎所有的高价值的商业转化都是通过视觉符号这个工具来承接的。视觉符号更适合开展无边界的合作模式。比如我们生活中看到的，大到 IP 主题的公园、游乐园、商业街区，小到 IP 主题的茶饮店、面包店等，对于这些产业来说，视觉符号更容易通过授权实现商业变现。

一般来说，能够进入授权阶段的 IP 大多是比较成熟的、有一定知名度的 IP，也就是说超级 IP 的市场机会远大于普通 IP。城市超级 IP 的基因本就适合商业转化，因为以一个城市的文化作为 IP 的基因，那么这个 IP 从诞生之日起就自带流量，拥有同城的拥护者，他们会去主动关注、扩散和传播，从而使这个 IP 具备蓬勃的生命力。

如果是尚在孵化阶段的 IP，是很难进入授权流程并实现商业转化的，因为只靠几张设计图是无法支撑授权需求的。

事实上，IP 的商业转化通常会自动分解为两部分：二次内容创作和商业变现。我们不得不承认 IP 内容创作与商业变现，是两个完全不同的专业领域，对从业者的要求与能力也是不同的。

商业变现的团队我们通常称之为授权部门。授权部门的主要成员一半包括授权经理（或总监）、助理、法务、专员等（如图 5-2 所示），当然有的公司在授权部门也会设有设计岗位，岗位的设置与企业的规模相关，可依据企业的实际情况配置。

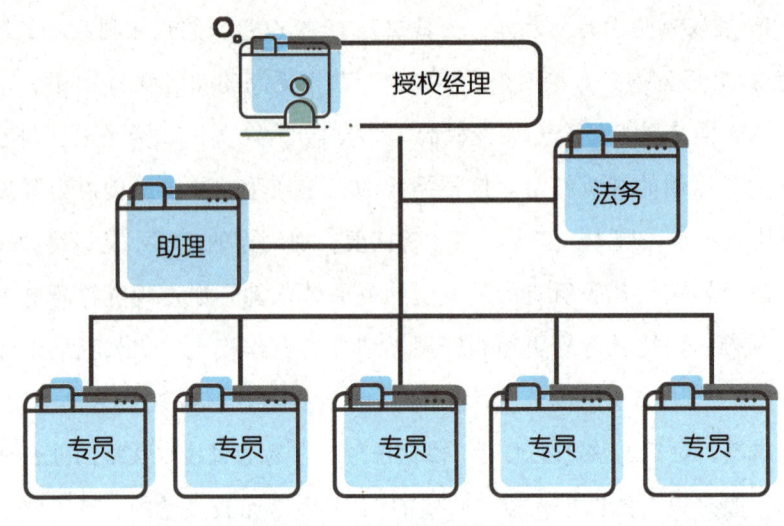

图5-2 授权部组织架构

这个组织架构里有两个岗位是非常重要的,一个是授权经理,一个是助理。

授权经理(或总监)是公司授权业务的关健岗位,是业务的主导者,需要具备一定的专业经验和行业经验,也需要有商务洽谈能力,最好是拥有一定的行业人脉。

因为授权的流程比较长,合同的内容比较丰富,条款相对复杂,所以助理角色非常重要,助理是授权部门的后勤管家也是业务的支持者。

随着动漫产业的高速发展,授权专业人才非常欠缺。我国高校目前并没有开设与内容授权直接关联的专业,市场上也缺少系统的学习材料,很多经验都是大家从日常工作中总结出来的。所以要想获得客户的信任,高效达成授权合作,授权部门就要全方位深度了解自己企业IP的所有信息,做到心中有数,对答如流。

在授权行业,授权方与被授权方一起合作的目的是共赢,彼此成就,共同成长,因此要永远把服务理念放在第一位。

IP授权模式主要指的是知识产权的授权方式，可以分为线上授权与线下授权两种。线上的授权通常是面向各大互联网电商平台的商户或专营网站，授权后主要是针对消费者直接销售商品。线下的授权通常是指与实体合作，如主题酒店、主题游乐园等。

在文创行业经常会听到"衍生品"这个概念，这一概念原本是金融名词，后被应用到文创产业，一般是指与IP相关的商品，也叫IP的周边商品。

动漫衍生品的主要目标人群是儿童和年轻人，以及其他喜欢IP的人群。衍生品在IP授权商业化中占比很大，比如模型玩具就是一个非常重要的品类，在笨笨鼠IP的授权收入里玩具占比超过50%。这类商品的用户大多是3～15岁的儿童与青少年。

而另一个品类也属于模型玩具，但是针对的是18～30岁的年轻群体，这个品类我们称之为潮玩，比如手办、模型等，这类商品的价值比较高。2019年全球的潮玩市场规模已超过千亿。

同所有产业一样，IP的授权也会面临一个问题：IP授权需不需要代理商？

在授权领域，代理商与被授权商有着同等的地位。代理商先获得产权方的合法授权，再代理IP的产权方去执行和完成IP商务接洽。

一般什么情况下需要代理商呢？

1. 诞生不久、知名度不太高的原创IP。
2. 成熟的、知名度比较高的IP。
3. 没有建立专业的授权团队，需要靠外部力量的企业。
4. 只有内容创造能力，没有产业资源的企业或团队。
5. 异地拓展市场的IP。

第二节 找到相匹配的商业合作伙伴

授权方（产权方）与被授权方（应用方）是 IP 商业转化的二大主体。

授权方是 IP 产权的拥有者，不一定是创作者，拥有将 IP 授予他人使用并由此获得一定回报的合法权益；被授权方通过合作从产权方手里合法取得某 IP 的使用权，并开发出相应的产品或服务来获取商业利益，同时需要支付给产权方一定的费用。

授权方与被授方的合作基于双方对 IP 的认可，是为了实现共同的商业价值而达成的合作，二者是共赢的合作关系。

一、商业合作伙伴的三种类型

我们将被授权的商业合作伙伴分为以下三种类型（如图 5-3 所示）：

一种是直接进行生产的生产型企业，这类企业自己没有强品牌，以产品开发、设计、生产、渠道共享为主要业务，拿到 IP 的授权后直接生产出产品与渠道分享利益。如澄海的玩具企业、义乌的日用品生产企业等。

一种是没有自己的生产工厂的品牌商，这类合作伙伴擅长品牌运营，他们拿到授权后就会找自己的合作工厂生产产品，这种情况下生产工厂并不是直接被授权的合作伙伴，他只有生产的权限而没有销售商品的权利和义务。品牌商或者说贸易商才是被授权的合作伙伴。

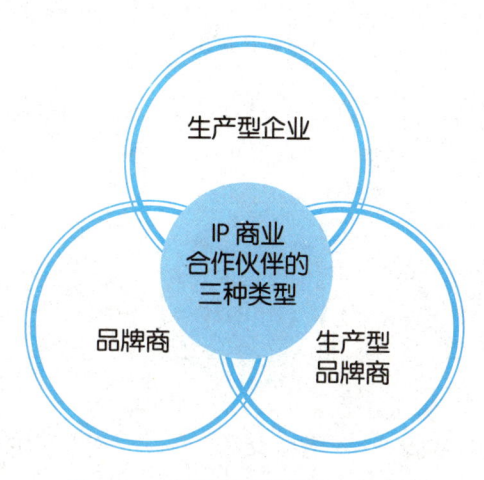

图 5-3　IP 商业合作伙伴的三种类型

一种是生产型品牌商，这类企业有自主品牌、自主渠道，有从产品开发、生产、渠道销售、品牌运营的全商业链条，这类型的企业拿到 IP 授权，一般是加持自己的品牌，大多数是出联名款。如匹克运动就很擅长这种合作模式，据许志华总经理介绍，他与 IP 的合作一般一个款式只做 5000 双，售罄不再加单，所以他的每个 IP 联名款都可以说是收藏级别的限量款。

当然，针对 IP 的授权，授权的合作伙伴可以有多种，模式也可以很灵活，但是合作的基础是双方的匹配度相差不能太大，合作是为了共同实现 IP 商业化价值转化而达成的，二者是共赢共生的关系。

二、判断商业伙伴匹配度并建立合作

判断商业伙伴是否与 IP 相匹配，需要综合考虑多个方面，包括 IP 定位、行业研究、竞品分析、受众调研和资源整合等。从以下几个方面入手，通过深入研究和细致分析，找到与 IP 相匹配的商业伙伴并建立合作，就能为 IP 的商业转化奠定坚实的基础（如图 5-4 所示）。

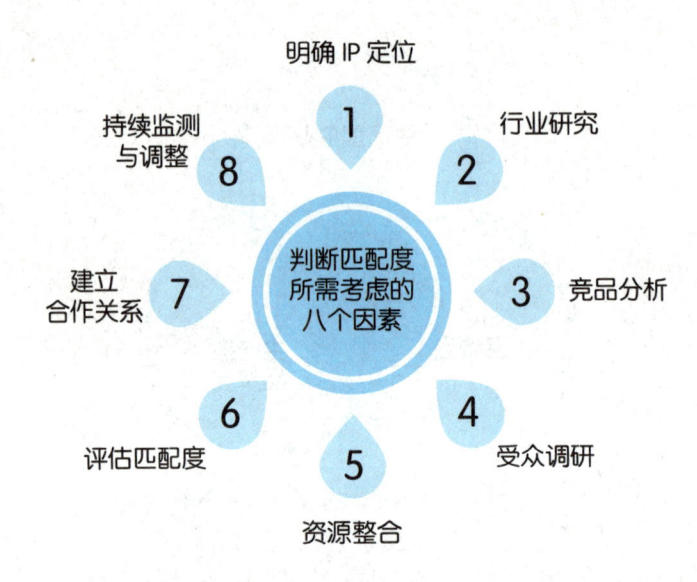

图 5-4　判断匹配度所需考虑的八个因素

1. 明确 IP 定位：首先，了解并明确 IP 的定位，包括它的受众群体、内容特点、风格等。这将有助于你确定与之相匹配的商业领域和类型。

2. 行业研究：对目标行业进行深入的研究，了解行业的发展趋势、市场规模、竞争格局等。这将有助于你找到与 IP 定位相匹配的商业体，并了解它们的市场表现和发展潜力。

3. 竞品分析：分析竞争对手的商业体，了解它们的业务模式、产品线、营销策略等。这将有助于你发现与 IP 相匹配的商业体的优势和不足，为你的商业体选择提供参考。

4. 受众调研：通过受众调研，了解目标受众的需求、喜好、消费习惯等。这将有助于你找到与 IP 受众相匹配的商业体，并满足目标受众的需求。

5. 资源整合：利用你的资源和网络，寻找与 IP 相匹配的潜在商业体。这可能包括合作伙伴、供应商、渠道商等。通过资源整合，你可以实现互利共赢，共同推动 IP 的商业发展。

6. 评估匹配度：一旦你找到了一些潜在的商业体，下一步就是评估它们与你的 IP 的匹配度。这个过程中要考虑它们的品牌形象、产品或服务的质量、市场定位以及它们是否与你的 IP 有共同的价值观和目标受众，确保选择的商业体能够与你的 IP 形成良好的互补，共同提升品牌价值和市场影响力。

7. 建立合作关系：评估完匹配度后，如果认为某个商业体与你的 IP 有很好的匹配度，那么可以主动与其建立合作关系。这可以通过签订合作协议、共同推广、共享资源等方式实现。建立合作关系时，要明确双方的权利和义务，确保合作能够顺利进行。

8. 持续监测与调整：合作开始后，要持续监测合作效果，并根据市场反馈和实际情况进行调整。如果发现合作效果不佳或存在一些问题，要及时与商业体沟通并寻找解决方案。同时，也要关注行业动态和市场需求的变化，以便及时调整合作策略和方向。

通过以上步骤，你可以更好地发现与 IP 相匹配的商业伙伴，并建立长期稳定的合作关系。这将有助于提升你的 IP 的商业价值，扩大市场份额，实现更大的商业成功。同时，也要注意保持灵活性和创新精神，不断探索新的合作机会和商业模式，以适应不断变化的市场环境。

什么样的合作伙伴才是超级 IP 的最佳合作商呢？

1. 从行业排名看，一般行业排名靠前的企业都是有实力的企业，他们通常会是很好的合作伙伴，但是这类企业对 IP 的要求也会很高，他们通常只会选一线超级 IP，一些内容优质、市场爆火的新 IP 也会有机会，但是不多。

2. 有拿过一线 IP 授权的企业，这类企业有 IP 商品的运营经验，实力也强。因为一线的超级 IP 版权费都会比较高，对于被授权商的审核比较严格，通过审核的企业在各方面都比较成熟。

3. 有一定的规模且经济实力比较雄厚的企业，企业形象和产品口碑都比较好。

不建议合作的企业类型则有以下几种：

1. 注册时间不超过三年的企业，这类企业属初创型企业，与之合作风险较大；

2. 规模小，员工人数50人以下的企业；

3. 注册资本小或年营收不过百万的企业；

4. 没有IP授权合作经验的企业；

5. 负面新闻较多，法人被列入失信人员名单的企业。

特别要注意的三大行业：食品与婴幼儿食品、婴幼儿用品、化妆品。

IP对品牌是加持，是锦上添花，但如果被授权企业出现问题，IP也一样会受到牵连，所以，授权合作过程中，IP与合作伙伴之间的关系是荣辱与共的共生关系，每一次的合作都要慎重，对每一位合作伙伴都要谨慎调查。

三、IP产权方应该做的

随着这几年国漫的高速发展，国产IP的数量在不断地增加，未来有可能会有数千数万的超级IP出现在市场中，被授权商的可选择范围会越来越大，市场竞争也会越来越激烈。所以授权（产权）方自己也要做到以下三点（如图5-5所示）。

| 1 创作优质的内容 | 2 尽可能地推广自己的IP | 3 设计优质且丰富的素材 |

图5-5 商业转化中IP产权方应该做的

一是创作优质的内容。IP 是基于自身的内容去传递价值并与粉丝维系感情的,好的内容是具有持续的生命力、爆发性的吸引力和大众的认可度的。授权方要不断生成新的优质内容并推广产生爆发性热度。

二是尽可能地推广自己的 IP。IP 的推广力度越大,IP 的知名度与影响力就越高,IP 的商业机会也就越多。

三是设计优质且丰富的素材。所有的授权一定要有丰富的设计来支持,也就是我们常说的图库,没有丰富的素材是无法完成 IP 的商业转化的。

这里所说的图库并不只是图片素材的集合,它是授权行业的专业概念,是指对 IP 形象的深度开发,形成具有产品化和应用场景的素材集合,是 IP 的核心设计要素。主要内容包括基础素材与应用主题。基础素材部分包含标准形象设计、故事说明、三视图、五视图,以及标准色与辅助色、基本表情与动作、形象命令、使用指南、使用范围等。应用部分包括季节图、节庆图、主题图及包装图等。

图库的主要目的是方便被授权方理解 IP,同时也方便管理被授权方对 IP 的应用。

在授权行业中,除了 IP 符号或专利之外,大部分的授权是需要图库来支持的。从某种意义上来说,图库是 IP 授权行业里 IP 商业化的"弹药"。图库是一个核心资产,也是商业机密,里面有大量的设计说明和 IP 素材,不得随意外泄。

四、如何找到优质的被授权商

我们常说找对人才能做对事,同样的道理,找到优质的被授权商,IP 的商业转化才有机会呈现最大的商业价值。

想要找到优质的被授权商,可以遵循这八个字:通路授权、渠道为王。

1. 授权展与行业展会。这两种展会是所有的产权商都应该参加的会议,可以在会上展示自己的授权内容。当然也会有很多的被授权商前来参会并寻找能合作的 IP。专业的授权展会是发现商业机会、展示成果、与同行学习交流的好机会。

  展会时间一般是 3～5 天。你可以在公众号、微博上发布自己的参会信息，也可以给一些目标企业发送邮件，告诉对方你的参会信息并邀请对方到展会上洽谈。

  2. 互联网中介平台。互联网的版权交易平台也是一种很好的媒介，通常有大数据的支持，可以定向匹配。有些平台可以做到授权交易、授权管理、联合营销、在线销售、自动分账等服务。

  3. 地方商会、行业协会、校友会。

  4. 合作伙伴的转介绍。

  5. 定向招商会。

  寻找优质的被授权商时，要找到能够决策的人。产权方可以通过不同的方式选定合作企业，但是建立起合作关系就需要最终的决策人参与。如果经办人的权限不够，可能会增加沟通成本，最终还可能达不成合作，这样只会浪费时间。

  我曾经就有一次不太好的体验。有一家国内知名的儿童用品企业主动找到我们团队，明确表示想获得我们的某一个 IP 的授权。我们的团队前后到该企业考察了三次，进行了多达五轮的双方会议沟通，时间长达三个月。对方需求明确，我方也给予了最大的诚意提前做了大量的设计，可是等到方案送到对方董事长面前时，董事长却说喜欢我们的"笨笨鼠"IP，可否改拿"笨笨鼠"IP 的授权。虽然后期我们达成了合作，但过程中的曲折让我们了解到找到关健决策人才能事半功倍。

第三节　IP 授权形式与合作内容

一、IP 授权的三种形式

根据 IP 授权时所授予的权利范围，可以分为以下三种形式（如图 5-6 所示）。

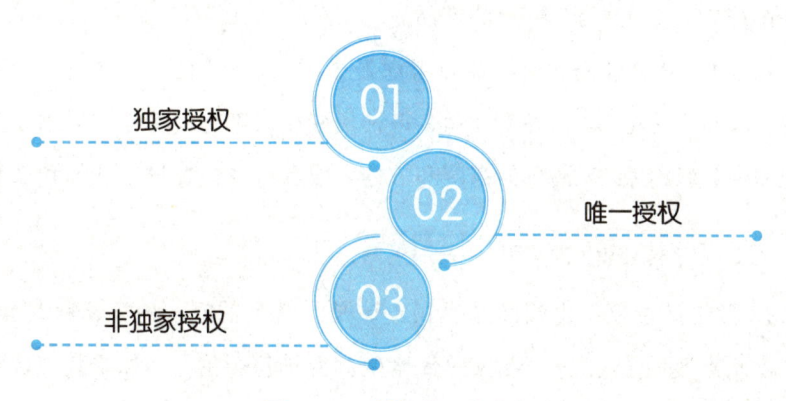

图 5-6　IP 授权的三种形式

1. 独家授权：这种方式是给予某一个第三方独家使用的权利，授权后就连 IP 产权拥有者也不能使用。这种模式对被授权方的要求最高，因为 IP 产权拥有者自己都不能使用，就意味着即使 IP 产生了巨大的商业利益，产权方也只能收取固定的版权费而不能分红。这种模式一般情况下适用于强企业与弱 IP（但被授权方看好 IP 前景）。如果是独家授权，被授权方除了支付版权费外，还需要支付给产权方一定数额的履约保证金。

2. 唯一授权：这种方式允许某一个第三方作为唯一使用者，IP拥有者不能再授权他人使用，但拥有者自己可以使用。这种模式中，一般授权方与被授权方的实力相当，各有所长。版权方直接收取约定的版权费用，被授权方不必支付其它费用。

3. 非独家授权：这种方式允许他人使用，但不限制拥有者自己使用，也不限制拥有者再授权另外的人使用。这种模式属于强IP的操作模式，一般是细分品类。产权方通常会授权给多家企业，但会细分品类或做出某种特别的约定。相对于前两种模式，非独家的版权费相对便宜，但约束性比较强。

比如迪士尼旗下的IP就只做非独家授权，所以市场上能看到很多家企业都在生产迪士尼旗下IP的产品。

在选择IP授权模式时，需要考虑多个因素，包括授权的目标、预期收益、风险承受能力、市场竞争等。每种授权模式都有其特点和适用场景，因此需要认真规划IP授权的范围和方向，根据具体情况进行选择和调整。

二、IP授权的十大模式

1. 衍生品授权：也叫商品授权，这是最常见的授权内容。就是允许被授权商家使用IP形象、图案等元素生产并销售衍生品，如服装、玩具、文具等。一般会要求对方有生产和销售能力。

2. 外包装授权：将IP元素用于产品或商品的外包装上，增加产品的吸引力和辨识度。

3. 礼赠品授权：将IP元素用于礼品或赠品，目的是用来促进主商品的销售，这类授权商品一般是非卖品，不允许拿出来单独销售。有不少消费者会因为喜欢赠品而产生消费，这也是提高销量的常用不衰的法宝。

非卖品到达消费者手上通常有三种方式：

（1）换购：消费满一定额度可以获得用较低的价格购买赠品的资格，也叫加钱换购或积分换购。我们去超市消费时，收银员常常会告诉我们满100元，可以10元换××。

（2）纯赠：买了主推产品，就可以免费获得赠品。纯赠品通常是和主推商品打包捆绑销售的，比如牛奶行业常用的买一箱奶送一只卡通杯。

（3）买赠：指参与促销活动买了某种商品或消费满指定额度，就可以直接获得一个IP赠品。比如在洗车店充值500元，就可以免费获得一个IP钥匙扣。

因为不能直接用钱购买，而是要通过购买主产品才能拥有，所以这类赠品通常附加了收藏价值，比如肯德基店内经常用来促销的IP赠品。

4. 营销授权：将IP元素用于各种营销活动中，如广告、促销、宣传等，提升品牌形象和市场影响力。

5. 数字虚拟授权：将IP元素用于数字虚拟产品上，如游戏、动漫、虚拟现实等，拓展IP的线上市场。

6. 改编授权：允许其他商家对IP进行改编或再创作，如将小说改编为电影、电视剧等。

7. 线下实体店授权：允许其他商家在线下实体店内使用IP元素进行装饰和展示，提升店铺的吸引力和品牌认知度。

8. 主题乐园授权：将IP元素用于主题乐园的建设和运营中，如迪士尼乐园、恐龙世界等，为粉丝提供沉浸式的IP体验。

9. 公共交通授权：将IP元素用于公共交通工具和站点上，让这些公共设施变得生动有趣。如公交车、地铁、火车站等，可以提升城市形象和品牌价值。

10. 多方联动授权：多个IP进行联动合作，共同推出新产品或服务，实现资源共享和市场共赢。

以上十大合作模式可以根据具体的 IP 和市场需求进行选择和组合，以实现 IP 的最大商业价值和市场影响力。

第四节　授权的流程与费用的计算

授权商与被授权商通过前期的沟通确定合作意向，到洽谈具体商务合作的阶段就要彼此提交一些书面的资料，包括双方的企业资质资料，被授权方还要提交 IP 运营的商业计划书，计划书的主要内容有：投资计划、生产计划、销售计划等。

授权商可以通过商业计划书进一步考察该合作伙伴的整体实力与运营能力，评估合作的质量与效果，包括预判后期的收益。

具体的授权流程通常包括以下几个步骤（如图 5-7 所示）。

图 5-7　IP 授权流程的七个步骤

1. 确定授权内容：包括商定授权费用、授权范围、授权期限等。
2. 签署授权协议：在双方达成一致后，需要签署正式的授权协议。
3. 缴纳保底授权金：根据协议，商家需要向版权方支付保底版权金。

4. 给予 IP 素材图库：版权方会向商家提供所需的 IP 素材图库。

5. 设计运用：商家拿到 IP 素材后开始进行设计运用。

6. 提交审核：商家完成设计后，需要提交给版权方进行审核。

7. 审核通过：版权方对商家的设计进行审核，审核通过后，授权商品或应用可以售卖或公之于众。

常见的授权费用计算方式有以下几种：

1. 买断制：即在合约范围内一次性支付一笔钱买断 IP 的版权，版权方不参与后期运营的分成。这种支付方式主要适用于影视综艺类有阶段性热度的 IP。

2. 保底版权金＋固定分成：双方在确认好授权品类后，约定该品类的固定版权费率，以及授权期内的保底销售额，提前支付一个保底版权金，然后根据实际的销售额，按照约定的费率计算版权金。

3. 保底版权金＋阶梯式分成：与保底版权金＋固定分成类似，但费率会根据销售额的不同阶段进行调整，即阶梯式费率。

4. 无保底纯分成：即商家无需支付保底版权金，只根据实际销售额支付版权金。

具体的授权流程和授权费用计算方式可能因行业、合同条款等因素而有所不同。在实际操作中，建议咨询法律专业人士以确保合同条款合乎相关法规。

请注意，IP 的授权金的定价目前国内并没有一个指导性的价格，主要是靠双方的沟通与谈判，协商而定。

CREATE
SUPER
IP

第六章　动漫形式超级 IP 的探索

　　动漫产业被认为是 21 世纪最具创意性和发展前景的产业。2014 年就被视为中国动漫行业的一个重要转折点。这一年，动漫产业受益于转型升级所带来的质量和效益提升，保持了强劲的发展态势。随着动漫产业 IP 化的日益成熟，用户规模的不断扩大，以动漫 IP 为核心的二次元经济时代正在到来。

第一节 用动漫的形式打造 IP

2014年我国动漫企业在动漫产业化浪潮中快速成长，规模实力有所增强，一批有实力、有特色的动漫企业逐步脱颖而出。动漫产业已形成了以广东、上海、北京为首，珠三角、长三角和环渤海地区协同发展的核心区域，以及以奥飞动漫、华强动漫、腾讯动漫、功夫动漫、炫动传播、央视动画等大型企业为代表的"第一阵营"。

随着时代的变迁和消费市场的年轻化，90后和00后已经逐渐崭露头角，成为消费市场的主力军。这一代人伴随着动漫文化成长，对动漫元素和二次元风格有着深厚的情感和认同感。动漫作为集视觉和听觉于一体的媒体形式，可以非常有效地吸引观众的注意力，并通过生动的角色和引人入胜的故事情节来传达特定的价值观或品牌形象。用动漫的形式来打造和推广IP已经非常普遍。动漫文化的影响力将逐渐扩大。

在消费群体越来越年轻的市场环境中，动漫确实是一个比较好的切入点，也是IP孵化第一阶段最有效的切入角度。

从用户的角度来看，故事如果发生在现实世界，与真实生活稍有不符就是"拼凑剧情"，而故事发生在虚构的动漫世界，若与真实生活有所不符也是想象力的体现。相比影视、动漫这类视觉作品，文学作品对形象和识别度的强化，是天然处于弱势的。

读者阅读文字构成的角色形象或价值指向，不如观影或看动漫来得那么直接。很多动漫角色成为观众一生的映射，是青春里的一座难以超越的高峰，比如《灌篮高手》里的樱木花道、流川枫。

这一现象对于市场来说意味着巨大的商业机会，紧跟这一趋势，不断创新和适应，就可以赢得年轻消费者的青睐。许多品牌已经开始意识到这一点，并尝试在产品和营销策略中融入动漫元素，以吸引年轻消费者的注意。从动漫形象的联名商品到二次元风格的包装设计，再到线上线下的主题活动，各种创新的方式层出不穷。动漫还可以通过衍生品、主题乐园、线上游戏等多种形式进行商业转化，进一步扩展其影响力。

在全球范围内，我们已经看到了许多成功的例子，如《龙珠》《海贼王》《火影忍者》等，都成功地塑造了深受观众喜爱的角色，进而成为全球知名的IP。国内品牌如江小白、三只松鼠等选择将自己的品牌IP化，切入的角度也都是动漫。我国近年来崛起的众多城市超级IP的打造也大多选用了动漫这一形式（如图6-1所示）。

图6-1　部分功夫动漫打造的超级IP的海报

随着 IP 概念的大热，动漫的应用也愈加兴起，其营销效应也成倍地放大，用动漫的形式来打造和推广 IP 已经成为一种有效的策略。

不过，尽管用动漫形式打造 IP 已经成为一种趋势，但成功的关键在于能否创作出优秀的动漫作品，以及能否有效地进行市场推广和商业化运作。只有真正做到了这些，才能确保 IP 的长期发展和持续盈利。

第二节　动漫内容分类与用户群体特征

基于题材的表现方式，可以大致将动漫分为以下几类（如表6-1所示）。

表6-1　动漫的题材分类

类别	主要内容	代表作品
科幻类	以科幻故事为题材的作品，多数是机甲形式，衍生品的消费群体较广	《动车侠》《变形金刚》
推理类	以推理为故事主题，多为通力合作，由推理故事的原作者及漫画人物的绘画者合力完成	《神奇布袋小子》
博弈类	以棋类、牌戏、魔术为主题，其内容可能以竞赛的方式为主	《棋魂》
运动类	以运动为题材的动画和漫画	《灌蓝高手》《足球小子》
冒险类	讲述惊险刺激的传奇故事	《时空龙骑士》
灾难类	以灾难事件为题材	《超能陆战队》
奇幻类	以与现实完全不同的世界	《西游记》《喜羊羊与灰太狼》
历史类	以历史内容为背景	《三星堆荣耀崛起》

续表

类别	主要内容	代表作品
武侠类	以武侠主要为题材	《画江湖之不良人》
知识类	以各种知识为内容的教育类动画或漫画	《十万个为什么》《天才小鲁班》

动漫受众群体的主要特征具有以下几个维度：

1. 年龄层次：动漫产业的用户群体覆盖了广泛的年龄层次，从儿童到老年人都有。其中，儿童和青少年是动漫产业的主要消费群体，他们对动漫的热情高涨，对可爱、搞笑、冒险、成长等题材的动漫作品尤为感兴趣。而成年人则可能更关注动漫的艺术性、复杂的情节以及深度的社会文化内涵。

2. 性别分布：在性别分布上，动漫受众中男性和女性呈现出一定的差异。过去的动漫作品主要以男性受众为主导，内容多涉及超级英雄、战斗、科幻等题材。然而，随着女性社会地位的提高和性别认同的转变，女性观众在动漫市场中的份额不断扩大。现在，越来越多的动漫作品开始关注女性角色的刻画和女性主题的表达，如爱情、友情、成长等。

3. 地域分布：动漫作为一种全球性的娱乐活动，各地区的受众群体在需求和喜好上也存在一定差异。不同地域的受众在文化背景、审美观念等方面的差异，为动漫产业带来了更多的创作灵感和市场需求。

4. 心理需求：动漫作为一种文化形式，满足了受众的各种心理需求。对于儿童和青少年来说，动漫作品可以提供娱乐和放松，帮助他们在忙碌的学习生活中找到乐趣和慰藉。对于成年人来说，动漫作品则可以提供一种逃避现实、释放压力的方式，同时也可以满足他们对美好事物的追求和向往。

综上所述，动漫产业的用户群体特征涵盖了年龄层次、性别分布、地域分布和心理需求等多个方面。这些特征不仅反映了动漫产业的广泛影响力和吸引力，也为动漫产业的创作和发展提供了重要的参考和依据。

第三节 以动漫 IP 为引擎的经济模式

自 2006 年开始，我国也出台了一系列扶持国漫产业发展的政策，包括培育动漫交易市场，打造动漫产业基地，鼓励多种经济主体参与动漫产业的开发与经营。互联网的深化发展、二次元文化的普及等多重因素也为国内的动漫产业发展提供了有利的条件，国产动漫产业经济已逐渐发力，动漫产业进入了高速发展的阶段，从 2014 年的产值 1000 亿元增长到 2020 年的 2212 亿元，复合增长率高达 14.8%。

以下四大因素推动着我国动漫产业高速度发展（如图 6-2 所示）。

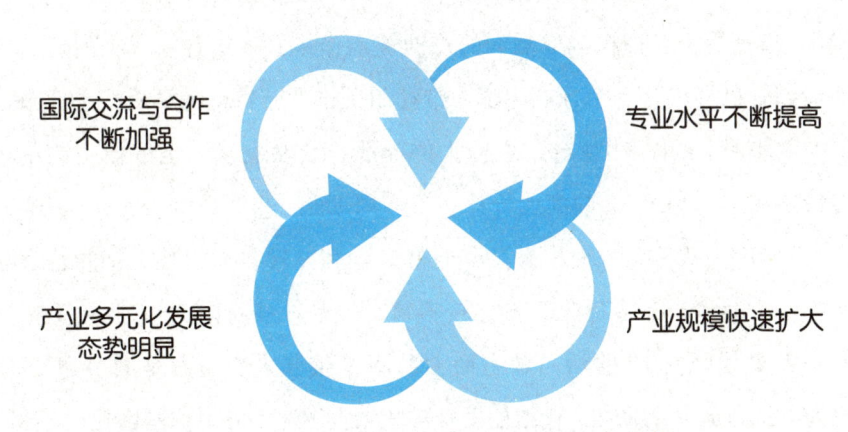

图 6-2 推动我国动漫产业高速度发展的四大因素

动漫产业是文化与科技相结合的产业,以动漫为基础的产业链则是文化+科技+制造的跨领域的新产业链,这条产业链正在日渐完善。在动漫产业链中,上游是创作,中游负责内容分发和传播,下游则是相关衍生品的开发与制造(如图6-3所示)。

内容生产:
创作者
工作室
动漫公司
上游

内容传播:
电影院线
电视台
互联网平台
媒体
中游

衍生变现:
虚拟内容开发与运营
实物开发与销售
商业授权
下游

图6-3 动漫产业链

如此,动漫产业就形成了以原创内容为核心,打造各种文化产品,通过持续传播让IP增值形成文化资产,最终通过IP衍生品的开发生产和IP产权的经营授权获取利润的产业链运作模式。这种模式里的每一个环节都有机会成就一个行业头部,带动相关产业。特别是最后一个环节,涉及到商业应用,往往会产生巨大的商业机会与利润,也往往是这个环节最终决定了超级IP的商业价值和生命周期。

超级IP从某个方面来看意味着低风险和高转化率,是丰富的智力创新成果,衍生产品多样化开发比较容易。但是,从我国IP产业的现状来看,大多数原创IP的活力和生命力都不是很强大,反而是城市超级IP因为有地方政策的助推,有当地民众的民心与热爱,应用范围都比较不错,遗憾的是商业化程度不够高。也许是因为我们的城市超级IP尚在打造的初级阶段，当然我们也在不断地尝试将城市超级 IP 的元素与城市全方位融合，以文旅产业为入口，培育以 IP 为核心的新产业生长土壤，带动当地的产业转型和升级。

创新以动漫 IP 为引擎的新型产业经济模式，是将动漫 IP 作为核心驱动力，通过多元化的商业模式和市场策略，推动相关产业的发展和经济增长。这种经济模式不仅涉及动漫产业本身，还涵盖了与动漫 IP 相关的衍生品开发、市场营销、品牌授权、主题公园建设等多个领域。我们骄傲地向世界展示，我国自主创作的 IP 衍生品如"节气小精灵""孙悟空"等，早已出现在大众的生活场景里（如图 6-4 和图 6-5 所示）。

功夫动漫董事长李竹兵有一个观点："IP 就像存钱罐，每个衍生品都能让它增值，IP 资产越多，推广就越值钱。优质内容孵化，持续性的开发，全产业链运营将成为未来行业的趋势。"

以超级 IP 为引擎的新型文创产业经济模式的关键在于，能不能深度挖掘动漫 IP 价值，从而确定最佳的商业开发方向。

图 6-4 《节气小精灵》海报

图 6-5 《新西游历险记》海报

　　打造超级 IP，并依托超级 IP 的内容与资源带动 IP 的衍生经济，形成文旅产品，如 IP 主题文旅项目、IP 主题酒店，或公园、乐园、商业街等各种商业体，重要的是这些商业体背后也带动着制造业的产业链。有了这些创新的项目增加新就业人群，就有了助力城市产业转型、带动新经济发展的支点，最终推动区域经济综合发展。

第四节 一个 IP 带动一座城的新产业

城市 IP 是对一座城市的历史文化、特色产业、旅游资源等各要素进行提炼，形成具有唯一性、差异化的城市文化内容，其不仅拥有知识产权，更是城市新时代发展的"文化芯片"，以"IP+产业"注入发展新动能，能推动城市持续性、高质量发展。

以北川禹泉文旅集团携手功夫动漫打造的大禹超级 IP 为例。

北川"一个 IP 一馆一园"的创新模式，已经成为北川创新经济的新支点。

我们先来了解一下北川这个地方。北川羌族自治县，2003 年建立，是我国最年轻的民族自治县。北川县面积 3083 平方千米，人口约 22.9 万人，辖 9 个镇、10 个乡，其中有 1 个民族乡，行政村 202 个，是个多民族和谐共居的县。

北川风景优美，四季鲜明，有着"春观杜鹃，夏戏水，秋看彩林，冬赏雪"的天然景观。

因为是个多民族集居的地方，北川的民族文化丰富多彩，历史文化沉淀丰厚。文化的多样性与丰富性造就了北川的独特的个性。

据史籍记载，北川还是华夏文明的奠基者、古代治水英雄大禹的出生之地，是大禹的故里。唐代以前，县境就建有众多的大禹庙，每年农历六月初六大禹诞辰举行祭祀活动的民间习俗延续至今。境内至今仍保存着大量有关大禹的历史遗迹，这些集人文景观和自然景观于一体的大禹故里风景名胜已成为华夏子孙访古探幽的圣地。如今，北川已成为华夏民族寻根问祖的地点之一，成为海内外华夏子孙的向往之地。大禹祭祀习俗为四川省非物质文化遗产。

动画片《少年禹传奇》将大禹少年时的传奇人生作为 IP 的内容源泉，将北川当地的旅游景点、特色美食、民俗文化等内容以动漫形式呈现，并通过海内外全球播出，以大众喜闻乐见的形式讲好北川故事，传播北川文化。

以超级 IP "少年禹"的优质内容为基础，与各地的关联企业进行联动，推出"少年禹"的衍生品，带动了当地的服饰、食品、电商、旅游、主题民宿等相关产业的发展（如图 6-6 所示）。

图 6-6　少年禹 IP 联名产品

151　第六章　动漫形式超级IP的探索

　　北川县建立了面积1000多平方米的少年禹IP主题体验馆，馆内设有少年禹成长史区、时空隧道区、科普长廊区、文创衍生品区、多功能厅、"禹生石纽"数字沉浸式体验空间打卡区等，这个馆的设立为北川搭建出一个集研学、文化、休闲、创意为一体的新业态体验中心（如图6-7到图6-10所示）。

图6-7　少年禹成长史区

图6-8　时空隧道区

图6-9 文创衍生品区

图6-10 "禹生石纽"数字沉浸式体验空间区

当地建立了"大禹IP数字创意产业园",聚集数字产业链上下游企业,从2023年7月开园至今,该产业园累计入驻企业14家,覆盖直播电商、研学基地、文创产品开发、体育赛事等行业,为企业提供创新孵化服务,为当地人才搭建创业与就业新平台,实现三方共赢,从而吸引了更多产业进驻城市投资发展,壮大了北川数字创意产业集群发展,助力了城市数字经济的提质升级(如图6-11所示)。

153　第六章　动漫形式超级 IP 的探索

图 6-11　北川大禹 IP 数字产业园区

第五节 他山之石，我可借鉴

2020年文化和旅游部发布了《关于推动数字文化产业高质量发展的意见》（以下简称《意见》），明确要推进数字经济格局下的文化和旅游融合发展，以文塑旅，以旅彰文，要促进文化产业与数字经济、实体经济深度融合，构建数字文化产业生态系统。

《意见》提出培育和塑造一批具有鲜明中国文化特色的原创IP，加强IP开发和转化，充分运用动漫游戏、网络文学、网络音乐、创意设计、数字艺术等产业形态，推动中华优秀文化创造性转化、创新性发展，继承革命文化，发展社会主义先进文化，打造更多具有广泛影响力的数字文化品牌。

虽然我国打造城市超级IP的模式只能算是刚起步，尚处于初级阶段，但也有不少城市率先尝试，有了一些的经验。有了IP的助力，城市就能加快新经济产业的转型。

城市IP是城市的"文化芯片"，是城市灵魂的一种体现，也是市民真实生活的一部分。

我国的城市超级IP形象，设计并不复杂，大多数是圆滚滚、胖乎乎的可爱型，有着一双明亮的大眼睛，看上去人畜无害的外表下又有各自的性格特征，身上的每个细节都体现了当地的文化特色甚至地理风光（如图6-12所示）。

155　第六章　动漫形式超级 IP 的探索

图 6-12　我国部分城市 IP 合影

一、福建省石狮市的城市 IP

相信大家对这个城市并不陌生,它成名于改革开放早期,有多种标签。石狮市为中国福建省下辖县级市,由泉州地级市代管。石狮市是亚洲最大服装城、福建综合改革试验区、著名侨乡,位于环泉州湾核心区南端,市域三面环海,北临泉州湾,南临深沪湾,东与我们的宝岛台湾隔海相望,西与晋江市接壤,是一座美丽富饶的城市。

石狮市综合实力位居全国中小城市百强第 15 位、发展潜力位居全国县域第 7 位、经济实力位居全省"十强"县(市)第 3 位,荣膺全国文明城市"二连冠"、全国城市营商环境创新县市等称号。

石狮市的城市 IP 形象名叫"敢拼",他有着两颗可爱的小虎牙和一双圆溜溜的大眼睛,非常可爱。他是只非常有责任感的小狮子,个性豪情,喜欢开拓进取,面对什么样的困难都敢于拼搏,知难而上,从不轻易放弃。他性子急,是一个行事有点莽撞的可爱角色。他努力保护传统文化、喜欢承袭传统文化。

标志性动作：打一套武术动作，半蹲蓄力，突然跳出。

业余爱好：舞狮。

技能：流星雨之后，获得了高强的武术能力，比如功夫回旋踢和超强的弹跳力。他那不同寻常的武术功底和弹跳力让他的舞狮也独具风格。

目标：想要和小伙伴组成一支最棒的舞龙舞狮队。

"敢拼"不只是闽南文化的代表，更是闽南人与海外闽南人的精神图腾。

二、四川省宜宾市的城市 IP

宜宾位于四川盆地南缘，地处川、滇、黔三省结合部，因金沙江、岷江在此汇合成长江，素有"长江第一城"之美称，自古以来就是南丝绸之路的重要驿站，沟通东西、连接南北，是物流、人流、资金流、信息流的战略转换要地，被誉为"西南半壁古戎州"。

宜宾市的城市 IP 是小哪吒。

哪吒文化在我国源远流长，民间有着广泛的粉丝基础。哪吒是我国家喻户古代神话小英雄，性格特点突出，善恶分明、嫉恶如仇。

宜宾城市 IP 中的小哪吒讨厌繁文缛节、经验教条的约束，我行我素，胆大包天，听不进去劝告，只要是自己想做的事情就一定要去做，倔强，不达目的决不放弃。他的内在本质则是温柔而热情的，想要成为其父李靖那样优秀的人。他侠肝义胆，是一位可以完全信赖的朋友。

小哪吒有着优秀的体能，每天都在陈塘关的山间奔跑穿梭。他有着天赋异禀的肉体，力大无穷、刀枪不入，火煅雷劈也无法伤及皮毛，身手敏捷不输猛兽。他认为自己是最强大的人，所以始终是天不怕地不怕的性子（如图 6-13 所示）。

图 6–13 小哪吒 IP 形象

他爱吃甜食,最喜欢吃糍粑。

他的口头禅有:

"啰嗦——"(听到不喜欢的劝告的时候)

"不要再念咒啦——"(父亲约束和教训他的时候)

"赌上我的性命!"(不计后果、鲁莽行事的时候)

"你说谁是小个子?!"(被嘲讽是个孩子的时候)

"獒茶、獒酒、獒马马,我管你是谁生的妖?!"(遇到妖兽之时)

"嘿,獒酷哇——"(遇到很精彩的人或事的时候,哪吒特有的形容"酷"的语言,偶尔也是打招呼的方式)

"我是哪吒!是陈塘关最强的男人!"

"你看起来挺好吃的!我可不可以狩猎你?"

"如果有人在哭,就应该保护他!"

三、江西省赣州市南康区的城市 IP

南康区，江西省赣州市市辖区，位于江西省赣州市西部。

南康区古称"南野"，秦、汉名"南埜"，三国时因"地接岭南，人安物阜"而得名南安县，晋太康元年（公元 280 年）始置南康县。1995 年撤县设市，2013 年 11 月撤市设区。南康区总面积 1623 平方千米，常住人口 88 万。

南康区的城市 IP 名为小康，小康有才华、有技术，做事的时候总是很专注。小康是一个很沉稳的人，他为人低调，一点也不浮躁，大多数时候，他都用作品说话（如图 6-14 所示）。

图 6-14 小康 IP 形象

小康身体力行地践行匠人精神。但小康年纪还小，在人际交往上可能会比较笨拙。小康从小接受爷爷南安的木艺培训，表现出了极强的木艺天赋，父母都尊重他，并希望他按自己的意愿可以走出自己的路。

小康的梦想原本是成为像鲁班一样的传统木匠大师。

能力：超级天才小康，也被称作"小鲁班"，他小小年纪就得到了木匠真传，尤其是榫卯技术独树一帜。

精神具现：小康可以在精神世界里将复杂的器具拆解开来，并一一具现。

匠心领域：在小榫、小卯的帮助下，小康还能在静心的情况下，独自开启并沉浸于"匠心领域"，可大大增强他的专注力、观察力，提高眼和手的协调能力，提高他的工作效率和速度。

缺点：小康是个完美主义者，虽然这也是个优点，但有时优点也会坏事。小康也会质疑自己的能力，他可能是对自己要求最严苛的那个，这样的性格让他很容易一次又一次地陷入自我否定之中。他也会缺乏安全感，也会胆怯，这一点在他面临巨大压力的时候表现得十分明显，但他最后总会在压力中想出好的办法。

口头禅：

"有办法了！"

"冷静、冷静！"

"问题永远藏在乱象之中！"

四、江苏省宿迁市泗洪县的城市 IP

泗洪县隶属于江苏省宿迁市，位于江苏省西北部，淮河中游，东临中国五大淡水湖之一的洪泽湖，西接安徽省泗县、五河县、明光市，县域面积 2693 平方千米。

泗洪属东亚季风区，又属北亚热带和北暖温带的过渡区，季风显著，四季分明，雨量集中，雨热同季，冬冷夏热，春温多变，秋高气爽，光能充足，热量富裕。

泗洪县的城市 IP 是水精灵泗宝。他是洪泽湖水域的精灵，善良有趣，行动果断，阳光乐观。他是个英雄，始终牢记着自己的职责，是个热情的"行动派"。

他是一个喜欢生活中美好事物的精灵，喜欢旅行，拍摄旅途中的照片，记录下每一刻。他还喜欢唱歌，甚至喜欢和小龙虾一起说唱。

他还很好胜，喜欢竞争，天生就喜欢把小任务全都变成比赛。

水精灵的天赋让他拥有操控水的力量，可以用多种方式形成和移动水。他能在手中将水塑形，就像我们可以塑造黏土一样。在营救和环保任务中，他可以用这个能力来做出许多有用的工具（如图 6-15 所示）。

图 6-15 水晶灵泗宝 IP 形象

他可以控制潮汐，可以制造大浪，或将水从岸边隔离，以营救被困在水中的动物或人类。

他可以在水面上活动，就像水面是坚实的地面一样。如果必要的话，他可以跑过湖泊和池塘。

他还是一个治疗师，可以利用水的奇妙特性，在受伤的人类或动物被送往医院的路上对他们实施急救措施。

口头禅：

"你们渴不渴？"

"喷一点水上去，看看会长出什么来！"

"没人可以把我束之高阁！"

"看看水精灵的厉害！"

"你无法把脏水再洗干净。"

五、四川省北川县城市 IP

北川羌族自治县地处川西高原与四川盆地之间，即四川盆地向藏东高原的过渡地带，属中国东部亚热带湿润季风气候区的西部边缘与高原干热河谷气候交汇地带。

北川是大禹故里，据史籍记载，北川是中华民族的人文初祖之一、夏朝的创立者、治水英雄大禹的降生之地。

北川县的城市 IP 主角就少年时的禹，面貌清秀、乐观勇敢、坚毅果决、富有观察力、阳光自信，一笑一口白牙。

背景：禹是部落英雄"鲧"的孩子，手臂上有神龙一般的胎记，能赋予他强大的力量。禹从小就受到鲧和修己的影响，以苍生为己任。在他的成长过程中，一直以此为铭。他始终认为创造才会改变世界，因此他坚持学习工事技法，秉承父亲遗志，认真钻研治水之法，以解救万民（如图 6-16 所示）。

图 6-16 少年禹 IP 形象

特殊技能：超凡之眼（看到不同的事物，能在脑中分析提取其中精要，获得"答案"的能力）、天生神力、懂兽语、音乐加持以及猴子一般灵巧敏捷的身手。

城市超级IP是地方文化的根与魂，代表了地方的精神和文化，每一个城市都是通过近千年的历史演变，才逐渐形成各具特色的城市印记与文化符号的。

城市IP最重要特点是它们是有灵魂的，仿佛陪伴在市民身边的小小神灵，默默守护着当地人民。

打造城市IP积累的经验，是我们在城市超级IP打造之路上宝贵的财富。

第七章　商业超级 IP 打造案例

　　凯文·凯利说过："我们正在从一个静态的名词世界前往一个流动的动词世界。"作为互联网世界中重要的生态构成原件，IP 的打造也是一个持续进化的过程，是不断做加法的过程，旧的形态难以延续时，新的形态会覆盖其上。

第一节　迪士尼的优秀商业转化

2013年，迪士尼上演了一部动画片《冰雪奇缘》。这部电影制作非常精良，一出来就让人耳目一新，这是迪士尼最擅长的公主类故事，同时又很有新意，因为这个电影最后和王子没什么关系，是两个公主解除误会、共渡难关。这部电影当年在美国本土就狂收4亿美元票房，全球票房12亿7千万美元，应该是影史上最卖座的动画片之一了。这算是迪士尼当年打造的一个"爆款"，换个现在比较流行的词汇，就是超级IP。有了《冰雪奇缘》这个席卷全球的超级IP，迪士尼的超级"印钞机"就开动了。

我们先来理一理迪士尼《冰雪奇缘》的商业逻辑：

内容（动画片）是链条的原点（第一轮收益）——渠道是内容的放大器（推出关联的娱乐产品，产生第二轮收益）——用衍生品将内容所有的价值释放到最大（消费品是第三轮收益）——商业授权（第四轮收益）——内容续集（动画片第二部）。这就是一条财富的超级生产链，我们也可以称之为"轮次收入商业模式"。

在这个链条里内容是源头，作为文化产品，《冰雪奇缘》本身的内容就是一个爆品，一经推出票房收益就产生了巨大的盈利，这是第一个利润点。换句话说，这个IP内容一经推向市场就选择了一个高收益的商业入口，通过这个入口同步产生巨大的影响力，为后面的进一步打造商业帝国奠定基础。

第二步就是生产与内容相关的娱乐产品和周边衍生品。光碟、原声专辑等，快速进入市场，产生较大的收益。随着电影在各地的上映，很快迪士尼就推出了《冰雪奇缘》系列的玩偶与配套的周边产品，有服装、饰品、蛋糕等，品种繁多，应有尽有（如图7-1所示）。

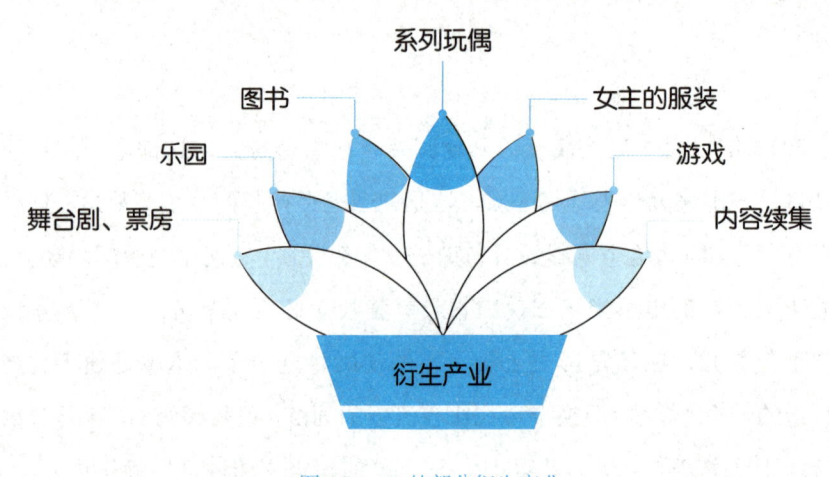

图7-1　IP的部分衍生产业

接着就是游戏和音乐剧，《冰雪奇缘》的主题乐园，让消费者在快快乐乐中产生更多的消费。在全世界各地的迪士尼乐园里，推出《冰雪奇缘》主题游乐项目，吸引更多的游客去消费。

当第一轮的商业链条完整地产生巨大利润后，迪士尼就推出《冰雪奇缘》的续集《冰雪奇缘2》，进一步丰富内容，让这个IP不断地产生轮次收入，补全产业链上的缺口。

在这个模式里产品的质量是最关健的，无论是《冰雪奇缘》的动画片内容本身的制作，还是衍生品的设计与制造，质量都非常高，一经推出都非常受消费者的推崇与追捧。

由此看来，迪士尼不但有强大的内容团队，同时还有超强的商业变现团队，这个团队的结构可能是：内容创作团队＋衍生品设计团队＋衍生品制造＋商业变现团队（如图 7-2 所示）。

图 7–2　《冰雪奇缘》IP 的商业模式

强内容价值和高商业价值，让《冰雪奇缘》这个超级 IP 的价值能量释放到最大，让"印钞机"一直自动运转着。

第二节　快消品超级 IP M&M 巧克力

我们身处的营销环境已经发生了深刻变化，消费分层、信息爆炸、场景碎片等问题让消费者就像一个个移动的靶心，难以捕捉。传统模式中营与销的分离让越来越多的企业感觉到营销乏力。因此，以往用来吸引消费者的品牌创造内容已经远远不够，于是有些品牌开始打造 IP。有意思的是，所有的 IP，特别是超级 IP 的生命力都特别强，比如 M&M 巧克力豆的小豆人，是很多人的童年回忆，它一直火了几十年，现在依旧很火。

M&M 巧克力豆打造商业超级 IP 的策略与方法很值得国内的企业学习。

出生于 1954 年的 M&M 巧克力豆，他的目标用户群体就是热爱生活的年轻人。当 M&M 巧克力豆以动漫形式首次出现在美国的电视广告上时，"逗趣""年轻活力""好玩"的形象立即受到广大消费者的喜爱，收获了许多的粉丝，用一个动漫短片开启了超级 IP 打造之路。

面对琳琅满目的商品，人们往往只需 7 秒钟就可以确定对商品是否感兴趣，在这短暂而关键的 7 秒钟内，色彩的作用占到 67%，成为决定人们对商品好恶的重要因素。实用性在很大程度上不是衡量产品优劣的唯一标准，"颜值即正义"好象总能得到印证，M&M 巧克力豆深谙其中之奥秘，不断推出新的颜色，角色和内容也会随着 M&M 巧克力豆的颜色而更新，每一个小豆人都有自己的外表和性格，比如这只绿色的小豆人设定是性感女神，甚至拥有自己的传记《我绝不为任何人融化》。

准确地说，IP 并非流量，但 IP 所具备的势能却可以有效地将用户的关注、热爱转化成为流量。

作为一个商业超级 IP，M&M 豆擅长内容营销，随着个性化浪潮席卷消费市场，跨界联名早就成为各大品牌互通有无、齐心合作的一种手段。跨界也是 M&M 豆的一大特长，通过多元化游戏场景，让 M&M 豆"逗比""年轻活力""机灵"的形象深入到消费者心中，提升年轻消费者对 M&M 豆的好感度。

持续的内容输出让 M&M 豆品牌更有商业价值。它擅长使用社交媒介，凭借各种关于 M&M 豆的有趣视频在社交媒体上获得了极高的话题和流量，同步实现了高效的转化。

2019 年，M&M 豆在微博建起了账号矩阵，用不同的颜色和不同的形状代表不同的人，红豆人、黄豆人、绿豆人等 IP 形象相互配合，搭起与用户沟通的桥梁，日常互动更是"妙趣挡不住"。

就连新品上市，也玩一把潮流。樱花粉幸运豆上新，更是将潮流玩梗运用到极致，玩起了 M&M 豆盲盒。在全国的樱花粉包装 M&M 豆中，只有不到 5% 的概率拆开后会看到幸运的樱花粉豆。产品上线以来，一度引发全民找粉豆的热潮，开箱、解密、吃播、烘培教程应接不暇，真是妥妥的流量收割机。

在内容营销上，M&M 豆说自己排行业第二，估计没有什么品牌会站出来说自己有资格排第一了。

如同所有的 IP 一样，M&M 豆也没有放过衍生品的生产，众多的 M&M 豆 IP 的衍生品淋浪满目，深受份丝们的喜爱。

M&M 豆的战略目标是在 2025 年使 1000 万人增加归属感。他们想营造一个有归属感的、包容的社会。

M&M豆 IP 成功地伴随一代又一代消费者,在绵长的品牌生命力背后,是紧随消费群体变化而不断重塑的营销逻辑,继续用"好玩"和"潮流"的内容营销连接品牌和年轻人,让品牌在和年轻人一同追随潮流中,做潮流文化的发酵者和先锋者。

171　第七章　商业超级 IP 打造案例

第三节　笨笨鼠 IP 的成长之路

这只名叫笨笨鼠的老鼠，视觉形象就颠覆了人们固有的对老鼠那种猥琐不堪的印象，可爱又阳光，这个设计也是功夫动漫董事长李竹兵个人最重要的设计之一，严格意义上来说也是我们团队打造的第一个 IP（如图 7-3 所示）。

设计发展历程

2012第一代　　2017第二代　　2020第三代

图 7-3　笨笨鼠设计发展历程

这只可爱的笨笨鼠，从它诞生起，就注定是一只经历坎坷，鼠生波折，充满了戏剧性的老鼠。

从创意到最终定稿，前后一共出了上百个设计稿。最初的雏形是基于设计师思维的，所以只有一个可爱的卡通形象。设计定稿后作为单一形象卖给了一家鞋企作为品牌商标，后来该企业经营不善倒闭，笨笨鼠作为商标转给了债主，李董事长不舍自己的设计心血埋没，就花巨资从债权方将笨笨鼠商标购回，作为功夫动漫公司的知识产权陈列在展厅里。之后不断有客户因为笨笨鼠的可爱形象关注到这只老鼠，并有不少的企业有想法欲购买笨笨鼠作为企业的商标，而李董事长决定将笨笨鼠打造为功夫动漫自有的 IP。于是，笨笨鼠的"鼠生"有了希望，IP 打造工程开始启动了。

2012 年《笨笨鼠与他的朋友们》动画片面世。片中的笨笨鼠是个乐天派，天性积极乐观、热情开朗、精力旺盛，总是一脸孩子气地笑，笑起来露着一颗牙，看上去有点笨。动画片的出世是笨笨鼠 IP 打造工程的里程碑，它承载了笨笨鼠 IP 的基础内容，也为后续强大的传播打好基础（如图 7-4 所示）。

图 7-4 笨笨鼠动画截取内容

笨笨鼠是个自媒体达人，喜欢活跃在各种媒体平台上，它开设了多个平台的自媒体账号，比如有自己的官方账号微信公众号"笨笨鼠"，以"笨笨鼠与他的朋友们"之名开设微博账号收获了很多粉丝。"沙雕笨笨鼠"在抖音上分享他和他的小伙伴们的快乐日常，抖音上笨笨鼠的道具下载量已经达千万级，抖音部分作品点击率达到数百万，很快拥有了数万粉丝（如图 7-5 所示）。

图 7-5　笨笨鼠自媒体矩阵数据

笨笨鼠也喜欢在小红书上分享以自己形象为主题的各种手机壁纸，收获一众女生的热爱（如图 7-6 所示）。

图 7-6　笨笨鼠系列壁纸与海报

作为一种特殊场景下的标签化产物，梗的存在容易引发人们在相似环境下的联想，可以不断刺激记忆点创造话题，有话题就有持续吸引的可能。

笨笨鼠的八套微信表情包上线，累计发送量超过 5000 万次（如图 7-7 所示）。

图 7-7　笨笨鼠表情包

2017 年，一条以笨笨鼠为主题的商业综合店——笨店出现在福建泉州。笨店以其高颜值、高品质的社交属性吸引了许多的年轻人。有人说在笨店是吃饭一小时，拍照两小时，刷爆朋友圈。

2020 年是鼠年，笨笨鼠成功地成为超级网红，笨笨鼠主题的手机壁纸、问候图片在各个社群中流转传播，进入了许多人的朋友圈，火爆了整个春节档（如图 7-8 所示）。

图 7-8　笨笨鼠在鼠年春节成为超级网红 IP

175　第七章　商业超级 IP 打造案例

当然各种活动也少不了笨笨鼠的身影。抗疫期间，作为公益大使的笨笨鼠忙碌在许多城市的街头，同时也成为许多地方政府的抗疫宣传大使（如图 7-9 所示）。

图 7-9　笨笨鼠公益行及公益海报

在百度及各种专业的设计网站上更有各种笨笨鼠形象的漂亮壁纸和设计元素，都是高清原图可以供大家下载免费使用（如图 7-10 所示）。

图 7-10 笨笨鼠图片搜索

有了内容的沉淀,有了粉丝的热爱,这只频频活跃在互联网上的笨笨鼠,也开始走上商业变现的道路。不少企业开始与笨笨鼠合作,以笨笨鼠形象代言的产品陆续上市,产生了巨大的商业价值(如图 7-11 所示)。

图 7-11 笨笨鼠联名产品

经过不断地尝试与努力,笨笨鼠有了自己的商业体系——笨世界。
IP 的尽头是商业价值。无论是国内还是国际,商业转化是 IP 打造的必经之路，商业价值越高的 IP，生命力也就越强。我们所喜欢的一些国际 IP 也都是经历了漫长的成长与内容沉淀后才有了现在的成就，笨笨鼠也不例外。从笨笨鼠内容的初创、沉淀，到二创、三创的内容发酵，再到开始拥有一定数量的粉丝，我们前后经历了十多年，对于国内的 IP 这也是一个很例外的个案了。

分享一下笨笨鼠 IP 商业转化的重要节点：

2012 年，笨笨鼠视觉符号设计完成，同年进入童鞋领域尝试商业转化。

2013 年，30 集动画连续短片《笨笨鼠与他的朋友们》制作完成并在互联网平台上播出。

2014 年，《笨笨鼠与他的朋友们》以周播剧的形式在中央广电总台连播 30 周。

2015 年至 2016 年，在全国持续热播。

2017 年，笨笨鼠品牌发布会在台湾省台北市举行。

2017 年，第一家以笨笨鼠 IP 为主题的新零售实体店"笨店"在福建泉州开业。

2018 年，"笨菜""笨茶"的笨笨鼠 IP 主题业态相继面市。

2019 年，笨笨鼠 IP 主题酒店"笨酒店"在四川成都太古里旁开业。

2019 年，笨世界商业平台初步形成。

2020 年，笨笨鼠 IP 公益基金成立。

2022 年，笨笨鼠 IP 主题潮玩店在福建泉州开业。

2024 年，笨笨鼠主题的全新动画片制作中。

我们常说一个 IP 可以成就一个商业帝国。作为国内第一个用十多年的时间努力打造一个超级 IP 的团队，我希望能将我们打造笨笨鼠这个 IP 的过程中积累的经验毫无保留地分享给同行，希望能够助力中国 IP 产业的发展，让中华文化熏陶出来的 IP 成为世界级的超级 IP。

第八章 城市超级 IP 打造案例

中国消费市场年轻化，庞大的消费者群体年轻化，城市 IP 及动漫的衍生品产业链规模也大，动漫更容易形成 IP 资产，能够跟文旅完美结合。利用当地旅游景点、美食、人文历史、文化资源打造独具特色的城市 IP，正在成为各地文旅系统发展的重要抓手。

第一节 城市 IP 的老经典与新经典

每个城市的资源与特点、文化都不一样,历史悠久、有丰富文化沉淀的名城代表了经典的文化形态,新兴的科技城市则代表了现代主流的文化形态,当然也代表了年轻的文化形态。所以,在打造的过程中,各个城市都需要结合当地的核心文化进行一些个性化的定制。

历史的基础是生命经历与文化记忆,我们给这些沉淀已久的历史文化 IP 赋予了新的定义:新经典与老经典(如图 8-1 所示)。

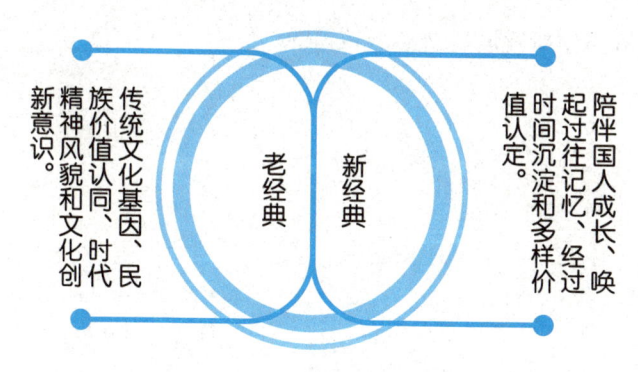

图 8-1 历史文化 IP 的两种类型

老经典 IP 是民族文化基因的载体,它包含的关键要素是传统文化基因、民族价值认同、时代精神风貌和文化创新意识。老经典 IP 的持续开发和跨文化传播，能够增强中国人的文化自信心与民族自尊心，此类 IP 的持续开发也是一个民族文化群体客观存在的内部需求。

新经典 IP 产生于一个多元包容的时代，其定义与分类也具有一定的相对性。很多新经典文化内容是陪伴一代中国人成长起来的，能够唤起一代人对过往经历的记忆。新经典 IP 脱胎于当代文化，经历一定时间完成过滤和沉淀，在不同年龄段的人们心中，拥有不同的价值认定和消费满足。

城市超级 IP 并不能直接带来显著的经济效益，它的最终作用是在软实力上塑造城市形象，帮助城市获得知名度和美誉度，从而帮助城市吸引人才、投资和消费，推动城市产业经济在硬实力上的发展。城市超级 IP 打造的核心思路是用城市的精气神凝炼出一个"魂"，对这个"魂"进行时代化的加工与形象化设计，然后借助互联网的渠道将其传播出去，引发关注，继而快速吸引外部人流和人气的进入，让外面的人来本地进行旅游、消费、投资，最终带动本地产业的全面发展。

我们就用老经典与新经典两个案例来为大家解析，城市超级 IP 是如何助力城市的创新发展和新经济转型的。

第二节　四川省眉山市东坡区的"少年苏东坡"

我们在给四川省眉山市东坡区打造的超级城市IP"少年苏东坡",就选用了东坡区历史文化中的老经典。

东坡区,隶属四川省眉山市,是眉山市政治、经济和文化中心。其位于四川盆地成都平原西南边缘,岷江中游。北接省会成都,南连乐山,东邻内江、资阳、自贡,西接雅安。

东坡区古称眉州,自古以来物华天宝、人杰地灵、山川秀丽,甲于西蜀,早在1000多年前就是州、郡治所。南齐建武三年(公元496年),初置齐通左郡,管辖眉山和乐山两地,治所龙安铺(今太和镇龙石村)。2000年,设立地级眉山市,并撤销眉山县,改建为东坡区(县级)。

东坡区因宋代大文豪苏东坡而得名,是苏洵、苏轼、苏辙三父子的故乡,也是中国泡菜之乡、中国晚熟柑橘之乡,拥有两个国家AAAA级旅游景区、两个全国重点文物保护单位等。按照我们打造超级IP的模型,要从不同的文化中提炼出最能代表东坡区的核心文化来打造城市超级IP。

功夫动漫与东坡区方面的文化专家、城市发展研究领域的专家共同组成了工作组,经过多方论证最终确认了东坡区的城市超级IP打造方向——苏东坡IP。以宋代文人苏东坡为核心元素,融合眉山东坡区城市文化元素，深入挖掘东坡文化内涵，通过对苏东坡 IP 的二次创作让更多人了解苏东坡及苏东坡代表的宋词文化，打造具备全球影响力的中华人文超级 IP，推动眉山文创产业发展。

启用苏东坡这个老经典 IP 从另一个层面上是对中华民族国粹的致敬，也是满足广大民众对于传统文化情怀的需求。

苏东坡 IP 能体现一个城市人民的传统价值观，具有高度持久的文化热度与历久弥新的文化价值。从另一个角度看，这个 IP 本身就具有广泛的认知基础，对于绝大多数受众来说，其解读和欣赏的认知准入门槛较低。

既然东坡区文化里有这个资源我们就从这里开始，用苏东坡这个老经典 IP 作为核心内容来打造新时代的城市超级 IP，让苏东坡千年之后还能造福他的故乡（如图 8-2 所示）。

图 8-2　苏家三兄妹 IP 形象

一、苏东坡文化的影响力

苏轼，字子瞻，又字和仲，号东坡居士，眉州（今四川眉山）人，是北宋著名文学家、书画家，"唐宋八大家"之一。他与他的父亲苏洵、弟弟苏辙皆以文学名世，世称"三苏"。作品有《东坡七集》《东坡乐府》等，开创豪放词派的先河，作品风格豪迈清新，一生留下了200多万字的著述，其中包括诗2700多首，词300多首，以及一大批风格独特的散文作品，这些作品都达到了北宋文学艺术的高峰，被誉为"千古第一文人"。同时他还擅长行、楷书，与黄庭坚、米芾、蔡襄并称"宋四家"；绘画方面也有很高的造诣。另外，苏轼还在教育、医药、水利工程、金石、美食烹饪等方面均有一些建树。

苏东坡，一个纵横儒、释、道三家，诗、词、书、画皆为另辟新界的开山人物的苏东坡，一个在慈善事业和公立医院领域首开世界先河的苏东坡，一个政绩卓著、爱民如子、文韬武略兼备的苏东坡，却历尽坎坷，命运困于党争，生活寄于风雨，襟怀奉于苍生。才大遭嫉，挥之不去；虽为文雄，言祸偏来；真话虽贵，当权难容。在精神沙漠中特立独行的苏东坡，带着他的红颜知己王朝云，背负着政敌和亲朋好友的是是非非、恩恩怨怨、悲欢离合，先后与王弗、王润之搀扶着走过了大宋的山山水水、九州十湖。晚年被贬海南孤岛，走向天涯，走向中国的历史长河，走向炎黄子孙的心目中。

苏东坡的一生可以用大江东去、波澜壮阔来形容，王安石曾感慨："不知更几百年，方有如此人物。"

苏轼作为中国传统文化的代表性人物。他博采众家思想之长，人生态度上达到了超脱旷达的境界，在处世方式上做到"独善"与"兼济"的统一。他对中国文化的继承和发展起到了积极的推动作用，并对后世文人的人格追求和道德建设产生了深远的影响。

在苏轼生活的那个时期，他就拥有"粉丝"无数。据宋朝人朱弁记载："东坡诗文，落笔辄为人所传诵。"同样是大诗人的陆游对于苏轼的文章也大加赞扬："建炎以来，尚苏氏文章，学者翕然从之，而蜀士尤盛。"

据了解，苏轼是美国汉学家探讨最多的中国人物之一。在英国牛津数字化目录网页里，"SuShi"书目题目总共有12个专栏和170条提要，专门介绍有关苏轼的生平与作品。苏轼在韩国拥有众多粉丝，他的诗歌很多都家喻户晓，很多人都学习苏轼的诗歌，并以他的诗歌为范本练习赋诗。根据苏轼的词改编的歌曲在全球范围内都有超高知名度，据不完全统计，苏东坡在全球的粉丝高达上千万，其中不乏国家领导人等。

在2018年眉山东坡文化国际学术高峰论坛上，美国著名的苏学家唐凯琳表示："中国学者把苏轼看作中国乃至世界文化史上的重要人物，希望不仅中国，而且世界各国文化艺术界的朋友，都能认知苏轼，欣赏他的作品，了解他在全人类文化历史上的地位和影响。"

2000年，法国《世界报》评选1001—2000年间的"千年英雄"，全世界共评出12位，苏东坡名列其中，是唯一入选的中国人。

从文化产业视域下看苏东坡IP，一方面，文化基因传承具有相对稳定性，在传播中文化基因虽然被不断复制、模仿和再创造，但其最重要的特征相对稳定，具有强大的繁衍能力以及向"他者"渗透的能力；另一方面，文化基因具有变异性，是不断进化和发展的，它总是在不同的社会语境中寻找更适合的存在形态。文化基因总是在变化中保持自我，同时又发展自我。

二、少年苏东坡IP的创造

作为具有世界影响力的中国文人，苏轼不仅在中国拥趸众多，在国际上也享有巨大的声誉，在美国汉学界，苏轼的影响力举足轻重。

苏东坡这个经典IP，属于典型的公共资源，而且是优质资源。谁先抢用这个资源,并善用这个资源,这个资源就能为谁创造出巨大的价值。

苏东坡一生起伏太大,在全国许多地方都留下了足迹与作品,它可以说是眉山的,也可以说是杭州的,甚至可以说他是全中国的、全世界华人的,归属性不强。因此,如果只是以"苏东坡"命名,想象空间太大,命名为"少年苏东坡"则直接点出的是他的少年时期,时间明确,想象空间相对固定,这段时间他就成长在四川的眉山。丰富的故事内容佐证少年苏东坡出生成长都在眉山,这个 IP 的专属性就出来了。

优质的 IP 需要优质的内容,用一个有趣的故事来承载丰富的内容,未来这些内容才能助力城市文旅的发展,才能将流量转化为增量,催动新经济的生长。

由创意金字塔探寻东坡成长往事,内容载体主要是苏东坡的少年经历,角色的形象鲜明可爱,让少年苏东坡更贴近生活,富有生活气息(如图 8-3 所示)。

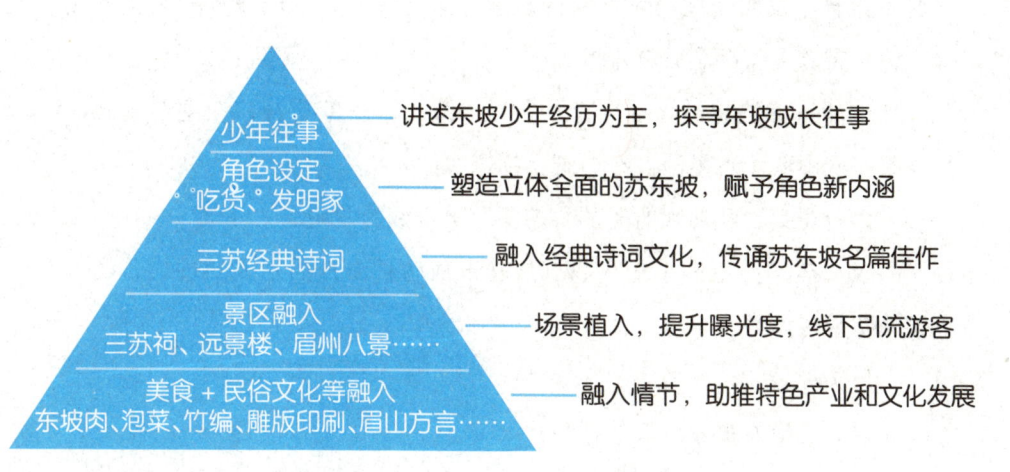

图 8-3 《少年苏东坡传奇》创意金字塔

少年苏东坡 IP 的人设：

11 岁，在学堂里是最聪明，最具想象力的孩子。他是一个豪放不羁的人，他自诩自己的聪明才智是其他孩子不能企及的，每当谈论起诗词歌赋便滔滔不绝，在这种时候想让他闭嘴似乎很难。他冲动，好奇，容易兴奋，似乎有用不完的精力，这一点有时候会让家人很烦恼。

尽管苏东坡极具艺术天赋，沉迷于文学，并有着很好的武术理论，但是真正使用的时候却有些中看不中用。直到他与一位著名江湖侠客成了忘年之交，并从大侠那里学得一些出奇的剑法、箭术和骑术，才成为名副其实、文武双全的人才！

常规道具：玉佩、折扇、毛笔套装、天石砚。

特殊道具：多宝箱、鱼肠剑。

常见行为：滔滔不绝、巧夺天工、茅塞顿开。滔滔不绝：每当谈论起诗词文赋时，总能口若悬河地说个不停。巧夺天工：在自创的小小实验室南轩，发明一些非常新奇的玩意。茅塞顿开：总能在危机关头恍然大悟，带领大家顺利破解难题。

技能：下笔有神、多宝奇兵、以一敌十。下笔有神：取毛笔套装，从天石砚中蘸一下墨汁，在白纸上挥毫泼墨。

多宝奇兵：从乌嘴背着的竹箱里取出奇妙的发明。

以一敌十：用细小的鱼肠剑旋转形成防护，抵挡别人的进攻。（主要是防御能力）

口头禅：

"大家说好那才是真的好！"

"小小的人儿不怕难！"

"行动啊，各位！"

"子曰：……"（一些自创的语句）

"逢山开路，遇水架桥。"

人物设定方面，主创们在结合历史形象的前提下，给了少年东坡"吃货"和发明家的设定。在动画的角色设定中，年少时的苏东坡曾因为虚名而有些骄傲，后来通过不断成长，完成了从初生牛犊到成熟智者的蜕变，这样一个成长的故事，能使故事外的小观众们也学习着与他一同成长。动画中还融入了经典诗词文化，展现了三苏父子的诗词文章，可以让观众在观看动画的同时，学习到宋代的名篇佳作，体会到诗词的意境，寓教于乐。

动画场景真实还原了眉山各大景区，如峨眉霁雪、松江野渡、蟆颐晚照、苏家宅院，眉山胜景的诗情画意和人文气息，都在动画中展现得淋漓尽致，这些场景植入，能提升曝光度，吸引游客前来游玩。动画中融入了东坡肉、东坡鱼、东坡肘子、东坡饼、东坡柑橘等一道道与苏东坡相关的特色美食，还融入了竹编、雕版印刷、眉山方言等眉山民俗文化，让观众能够更加了解眉山文化，助推眉山特色产业和文化旅游产业的发展（如图8-4所示）。

三、少年苏东坡IP的授权运营

苏东城超级IP深度融合眉山东坡区的城市建设、行政服务、文化教育、红色旅游等方面，构建了庞大的苏东坡文化产业链。当地针对苏东坡文化遗址及文物，借助动漫新载体，构建了中华人文超级IP产业联盟，让苏东坡文化释放出了巨大的能量。

少年苏东坡IP形象刚一设计出来就已经吸引了不少企业的关注，并有相关企业开始落户注册在眉山东坡区，然后通过授权生产销售苏东坡IP衍生品，为东坡区带来一定的经济效益。目前已经授权三苏食品、眉山力宏食品、晨卓文具、商锦医疗等多家企业，品类横跨食品行业、文具行业、医疗用品行业等多个领域（如图8-5和图8-6所示）。

图 8-4 《少年苏东坡传奇》场景图

图 8-5　少年苏东坡 IP 部分文创产品

图 8-6　少年苏东坡 IP 部分授权产品

在营销推广方面，充分发挥 IP 内容营销的优势，将"一切商业皆 IP，一切 IP 皆内容"的模式演绎到了极致。苏东坡 IP 逐步导入城建之中，打造出独特的城市风貌，助力东坡区文旅产业发展；通过城市美陈、舞台剧打造 IP 产业联盟，进行苏东坡 IP 的主题餐厅、主题公园、主题酒店等主题性业态的陆续开发，同时因为成熟的苏东坡 IP 运营能力，开始承接全国各地的苏东坡 IP 延伸业务，如山东聊城的竹山景区等。

当地还将苏东坡 IP 形象植入到城市应用系统中。因为苏东坡文化本身就自带流量，所以在苏东坡 IP 打造的过程中，工作量最大的就是收集、整理苏东坡在四川眉山的史料，重点明确少年苏东坡 IP 与四川眉山的关联度与独属性。

眉山对苏东坡IP在城市应用系统方面的植入十分完整与成熟，这点值得许多城市学习。目前已经和修文镇、东坡区委组织部、东坡区总工会、东坡区应急管理局、东坡区交通运输局、东坡区审计局等数十家单位完成政务系统授权。

当地在城市各类文化旅游活动中，充分植入IP形象，加深东坡故里的印象，在各个旅游景点上多利用IP展示，同游客市民产生互动，让眉山城市精神活起来（如图8-7所示）。

图8-7 少年苏东坡IP参展

眉山东坡区地域特色和文创产品之间实现了完美结合，利用互联网平台，增强动漫产品的新零售力度，达到以东坡文化引导文创设计，以文创设计传播东坡文化的目的，实现文化助力脱贫攻坚，有效推动眉山东坡区政治、经济、文化的全面发展。

少年苏东坡IP打造的过程可以分为以下八个步骤：

1. 内容创作：一部《少年苏东坡传奇》的动画片，在电视台与互联网平台播出。

2. 扩大影响：收集社交平台关于苏东坡的多维度话题，并与动画内容联动。

3. 营销造势：事件营销突破传播瓶颈。

4. 二创发力：社交平台上短视频内容分发，表情包互动发力，完成引爆。

5. 影响力转化：政务系统 IP 应用授权先行。

6. 商业转化：消费品行业授权。

7. 商业＋二创传播：开发舞台剧，在重点城市定向巡演。

8. 商业二度转化：各类衍生品二次制作加速传播。

第三节　江西省赣州市兴国县的"长征先锋"

经典作品总是具有可持续开发的空间，且不局限于精英文化，在大众文化领域，对于经典的解读和诠释同样在不断发生。新经典 IP 不仅是曾经流行一时的热门文化产品，还要经历一段时间的社会考验，成为人们反复追忆和致敬的内容，虽然原作已经成为历史，但是对原作的多维改编和再度开发仍然可以不断进行。

新经典 IP 是当代文化的原创产物。新经典 IP 的关键要素包括行业领先水准、时代精神体现与普遍价值认同，能够反映当代社会人们的集体意识，即无数同类型经验在心理底层积淀的普遍精神和集体认同。因此，新经典 IP 内容通常具有通约性、时代性与民族性的特点。

与老经典相比，新经典 IP 具有一定的受众代际差异。

在"长征先锋·兴国之剑"超级 IP 项目中，我们就是从新经典角度入手，以江西省赣州市兴国县为起点，挖掘丰厚的红色文化资源和红色旅游资源，使红色文旅产业成为推动革命老区经济发展的强大动力。

一、走好新时代长征路，助推精神文明发展

位于江西省中南部的江西省赣州市兴国县，是全国著名的苏区模范县、红军县、烈士县和将军县，也是红军第三次反"围剿"的主战场。据史料记载，当年中央红军参加长征的 12 个主力师中，就有 7 个主力师

集结在兴国，并从兴国出发踏上万里长征之路。苏区时期，兴国县总人口23万，参军参战的达9.3万人，全县姓名可考的烈士达23179名。毛泽东同志曾在当地调查研究，留下了《长冈乡调查》《兴国调查》等光辉著作，称赞兴国的同志们创造了"第一等工作"，亲笔题写了"模范兴国"奖匾褒扬兴国。

据不完全统计，兴国籍共和国开国将军达56人之多，拥有以潋江书院、兴国将军馆、兴国革命纪念馆等为代表的红色景点。兴国县还流传有《十送红军》《马前托孤》《将军故事》等兴国山歌和革命故事，产生了《兴国，兴国》《长冈七日》《少共国际师》等一批红色影视作品。

兴国县作为原中央苏区，拥有丰厚的红色文化资源和红色旅游资源。如何推动红色文化旅游向纵深发展，使红色文旅产业成为推动革命老区经济社会发展的强大动力，成为摆在当地县委县政府领导面前的一个重大课题。当地政府拟依托当地独特的红色文化资源，打造红色经典旅游胜地，做大红色旅游市场，做深红色旅游内涵，从而树立"将军故里，模范兴国"的红色品牌。

功夫动漫团队接手项目后，先后组织强大的智库专家和专业团队进行反复论证，大家一致认为，兴国打造红色超级IP虽然具备庞大的粉丝基础和群众基础，但红色超级IP本身比较抽象，不够具象化、形象化、人格化，市场化程度和IP识别度方面有待商榷。而从红色超级IP提炼出来的长征IP则不一样，作为长征的出发地之一，长征文化就是兴国最鲜明的文化底蕴之一。它更加具备地域化、符号化、个性化、国际化，无论是品牌识别度、市场化程度，还是IP传播性、IP影响力，都更加通俗易懂，更能深入人心，令人过目不忘。

因此，我们为兴国量身定做了一部动画片《长征先锋·兴国之剑》，致力于以全新的角度与视野，打造一部面向当代儿童、青少年的，以红色教育为主的最燃动画片，让小朋友从小受到长征精神的熏陶，激发爱国主义精神，推动红色基因代代相传。这部动画片入围"建党100周年重点动画项目"。

动画片《长征先锋·兴国之剑》通过构建长征途中一支优秀的特战分队"兴国之剑"的故事，集中展现红军战士不怕牺牲、排除万难、争取胜利的革命精神和信念。

从内容创作上，以动画还原重要历史事件，如强渡乌江、娄山关战役、飞夺泸定桥、四渡赤水、彝海结盟、遵义会议、翻雪山过草地、抢渡大渡河……让观众对当年长征的艰险感同身受。从兴国集结，到途经娄山关、铁索桥、大渡河、彝族地区等重要地点，以生动的动画画面真实再现了诸多历史场景（如图8-8所示）。

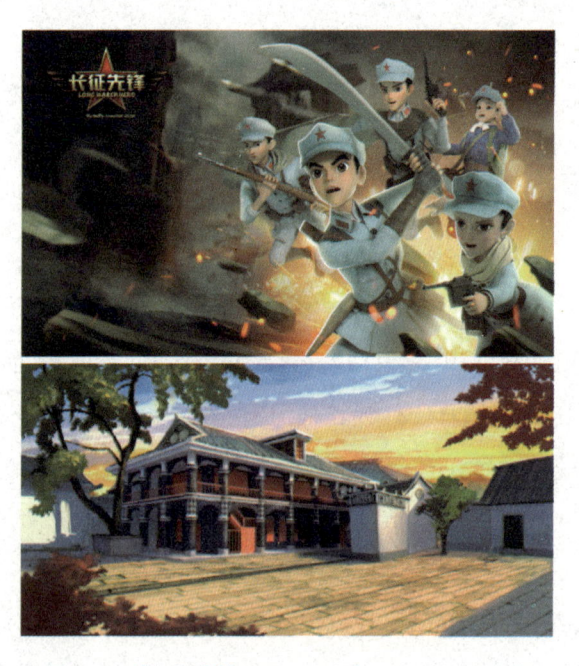

图8-8 《长征先锋·兴国之剑》剧照与场景设计

打造长征 IP 不仅仅是一个口号，更是一个具象化的过程。

从宣传的角度上看，长征 IP 起到了相当大的作用，动画片还未播出，发布会消息就已经火遍全网，央视新闻频道在发布会当天就进行了报道，江西卫视、江西新闻频道等媒体也对《长征先锋·兴国之剑》的发布做了深度报道。

"二万五千里远征，用每个标准丈量都是奇迹。"《长征先锋·兴国之剑》以动画形式展现长征的壮丽，通过动画的展示，让更多人，特别是儿童和青少年认识长征，理解长征，感悟长征，让长征在全世界成为中华民族不畏困难、勇往直前的象征，让全世界认识这一英雄的史诗，使长征不仅成为鼓舞中国人民的伟大力量，同时也成为人类共同的精神财富。

在 IP 运营上，我们也尽力让 IP 与内容占据人心。比如《长征先锋·兴国之剑》主要角色口头禅征集活动，让长征 IP 更具有人气。通过一个个与《长征先锋·兴国之剑》相关的活动，让观众参与进来。观众有了参与度后，既了解了作为故事背景的长征历史事件，也增强了对长征 IP 的熟悉感，自然而然地体会了红军长征途中的英雄人物故事、感人事迹、革命情谊。

为献礼长征胜利 85 周年及建党 100 周年，该动画片于 2021 年播出，又在央视少儿、五大卡通卫视等全国百家电视台及爱奇艺、优酷、腾讯等主流视频平台播出，还在"一带一路"共建国家播出，助推长征超级 IP 走向世界（如图 8-9 所示）。

图 8-9 《长征先锋·兴国之剑》海报

二、长征 IP 政务应用，弘扬新时代长征精神

打造长征 IP，不只是《长征先锋·兴国之剑》一部动画片的事，还要全面系统地打造红色文化全产业链，实现文化与经济的高度融合。兴国政府将 IP 元素融入政务系统应用，弘扬新时代长征精神。

兴国根据城市形象展示点位，结合《长征先锋·兴国之剑》动画内容推出长征 IP 政务系统应用方案，助推长征 IP 应用落地。

打造长征 IP 公交导视系统，推进特色"城市形象+动漫"文化的落地实施，将《长征先锋·兴国之剑》角色在城市各个公交站台展出，以亲切有趣的形象宣传城市，让城市更加亲民、更具亲和力。同时，公交导视系统也是一个个户外公益广告，充分发挥《长征先锋·兴国之剑》的城市"代言人"作用，让小红军现身各处公益广告牌，帮助传达城市文明，融入长征文化（如图 8-10 所示）。

199 第八章 城市超级 IP 打造案例

图 8-10 《长征先锋·兴国之剑》在干部好作风陈列馆的应用

目前，兴国已在高速公路、高铁站、红绿灯、重要十字路口等地点布置长征 IP 小红军形象 108 个；已在高铁站出站口、高铁站内候车厅、高铁站进站售票窗口、重要宾馆等地段陈列 40 个易拉宝展架；公交车站台展架已陈列 100 个，沿街广告灯箱 40 个（如图 8-11 所示）。

图 8–11 《长征先锋·兴国之剑》在兴国车站的应用

兴国全方位推行超级 IP 应用落地，从政府部门到企事业单位，从城市公共服务设施到市民生活场景，纷纷与长征 IP 元素融合，围绕《长征先锋·兴国之剑》构建出一座真正的"长征文化之城"，并将红色文化以更加有趣的方式传播出去，得到了广大市民的大力支持。

《长征先锋·兴国之剑》在兴国的政务应用，并非 IP 流量的简单导入，而是将长征文化深入地融入城市，推动长征 IP 与城市形象相互赋能，从而产生"1＋1＞2"的推广效果。

兴国县将长征 IP 应用到城市面貌的改造提升、活动接待、政务交流、文化传播、对外宣传等方面，使城市建设、城市管理等领域形成良性互动，带动全县文化事业、文化产业的共同发展，产生更大的社会效益和经济效益。

今天，长征精神已经被我们提升到了民族精神层面，它正在不断深入到民族的基因之中。

兴国城市政务系统融入长征 IP，将长征精神融入城市宣导、精神建设当中，正是发掘中华长征文化内核，坚持继承和创新相结合，大力弘扬长征精神，为实现中华民族伟大复兴的中国梦而持续奋斗的有力举措！

打造兴国《长征先锋·兴国之剑》IP分为以下七个步骤：

1. 内容创作：一部《长征先锋·兴国之剑》的动画片，电视台与互联网平台播出。

2. 扩大影响：动画片参与各类创作奖项评选，并与媒体互动。

3. 影响力转化：政务系统IP应用授权先行，启动动漫党建应用。

4. 二创发力：表情包上线，社交平台上短视频内容分发，完成引爆。

5. 商业转化：消费品行业授权先行，玩具行业二次发力。

6. 商业助力：各类衍生品二次创作加速传播。

7. 深度转化：红色研学加速（深度）传播、电视台复播动画片《长征先锋·兴国之剑》。

卷后语

当你翻到这本书的最后一页，仿佛到了一场旅程的终点，但这也是一个新的起点。作为 IP 商业领域中不断前行的"老兵"，我常常在深夜问自己，什么是开启 IP 宝箱的秘钥？IP 如何吸引更多关注，如何进行更多维度的商业转换？相信这也是所有打造 IP 的企业家和从业者共同的困惑，也是我们相携相伴走过这段旅程的契机。

在这本书中，我们一起寻找视觉符号成长为超级 IP 的路径，看到一个个鲜活的案例通过持续不断地输出认知世界的态度、价值观，从而引发粉丝情绪认同，建立独属于他们的文化圈层，帮助 IP 集聚势能，强力破圈。

我们在 IP 资产库的建立和管理中，认知到如何为 IP 构筑坚实堡垒，在吸收文化的同时，更有力地向下扎根，将每一个元素都变成自己独特的表达。

在商业案例中，我和团队将打造商业超级 IP、城市超级 IP 的多年经验进行系统化梳理，一笔一划地勾勒出实用的工具流程图，帮助大家在实战中规避雷区，少走弯路。

诚然，IP有许许多多的形态，例如歌曲、小说、影视等，但动漫IP依然是拥有最广阔商业前景的表现形态，因为动漫本身不会受到国界、品牌、年龄等诸多限制，我们所熟知的米老鼠今年已经96岁"高龄"，仍然不妨碍它备受孩子与年轻人的追捧；有着"少女心收割机"之称的Hello Kitty已经49岁，依然如少女般明媚娇艳。

动漫IP仿佛是我们从小到大的玩伴，是陪伴着我们走过人生起起落落的知己，是为我们提供坚持动力的战友，当我们不断赋予它情绪、精神、认知、审美，并为其创作时，IP的生命被不断丰盈，让它能够跟随时代的脚步，并在现实世界中绽放璀璨光芒，有时候甚至成为我们与下一代交流连接的"新桥梁"。

在产能过剩的当代，我们很难再为某一件非刚需的产品心动，但我们会持续"为爱发电"，购买自己所喜欢的IP周边，不断到IP主题场景中打卡，甚至分享到各个社交账号中自主宣传。这正是IP的商业魅力所在，其打破了传统商业的边界，形成以IP为核心的无穷大的能量场。

由于工作的关系，我和团队每天都在全国各地奔走，我们深刻感受到中国文化的根在乡村，民族的、民俗的、非遗的等各种文化并不是一个馆一个展就可以保护并传承下来的，这些文化更应该转化为当代年轻人同频共鸣的"语言"，让年轻人找到对自己家乡文化的认同感与归属感，从而为其生长提供源源不断的创造力。城市超级IP正是这种"语言"。

在书中，我们分享了功夫动漫如何将博大精深的传统文化变成一部部精彩剧集，如何将虚拟无形的中国故事变成可以玩的乐园，如何将孩子喜欢的传说主角变成陪伴型玩具及绘本，功夫动漫以珠串线地帮助一座城市收获更多人的了解、认识和喜爱，吸引更多人来到城市，发现属于这座城市的美好，从而落地生根，安家兴业。

最后，感谢每一位读者的关注与支持，是你们的陪伴让这本书有了存在的意义，来到这本书的尾声，我们并不需要挥手告别，而应该背起行囊，一同踏往 IP 探索的列车。这本书或许可以成为你前行道路上的一盏灯，在追寻之路中指引方向。我们更期待你能付诸实践，共同研究 IP 成长新模式，共同创造更丰富的 IP 文化。

何雯玲

2024 年春写于泉州